幼儿园辩论活动教育实践

学前儿童**语言**学习核心经验

总主编·周 兢

编 著·汤杰英 王翠霞

华东师范大学出版社

上 海

图书在版编目(CIP)数据

学前儿童语言学习核心经验:幼儿园辩论活动教育实践/汤杰英,王翠霞编著.—上海:华东师范大学出版社,2022

ISBN 978 - 7 - 5760 - 3332 - 8

Ⅰ.①学… Ⅱ.①汤…②王… Ⅲ.①学前儿童－语言教学－教学研究 Ⅳ.①G613.2

中国版本图书馆 CIP 数据核字(2022)第 192650 号

学前儿童语言学习核心经验

幼儿园辩论活动教育实践

总 主 编 周 兢
编 著 汤杰英 王翠霞
责任编辑 胡瑞颖
特约审读 陈晓红
责任校对 袁一薳 时东明
装帧设计 冯逸珺

出版发行 华东师范大学出版社
社 址 上海市中山北路 3663 号 邮编 200062
网 址 www.ecnupress.com.cn
电 话 021 - 60821666 行政传真 021 - 62572105
客服电话 021 - 62865537 门市(邮购)电话 021 - 62869887
地 址 上海市中山北路 3663 号华东师范大学校内先锋路口
网 店 http://hdsdcbs.tmall.com

印 刷 者 上海昌鑫龙印务有限公司
开 本 787 毫米×1092 毫米 1/16
印 张 12
字 数 229 千字
版 次 2023 年 2 月第一版
印 次 2023 年 2 月第一次
书 号 ISBN 978 - 7 - 5760 - 3332 - 8
定 价 48.00 元

出 版 人 王 焰

(如发现本版图书有印订质量问题,请寄回本社客服中心调换或电话 021 - 62865537 联系)

第一章　学前儿童辩论的概述　　1

一、辩论的内涵　　3

二、辩论对学前儿童发展的价值　　5

第二章　学前儿童辩论学习与发展的核心经验　　9

一、解释、维护和完善自己的观点　　11

二、运用恰当的方法辩论　　14

三、理解、尊重甚至悦纳不同观点　　15

第三章　学前儿童辩论活动的范式及特点　　19

一、自发式辩论活动　　22

二、自觉式辩论活动　　23

三、自主式辩论活动　　25

第四章　学前儿童辩论活动的组织策略　　29

一、细化核心经验,构建发展指标体系　　31

二、基于儿童立场,选择有价值的辩论话题　　32

三、心理外部兼顾,创设能激发辩论的环境　　40

四、依据核心经验,提供有针对性的方法　　41

第五章　学前儿童自发式辩论教育实践　　55

喝饮料好不好/小班　　58

冬天,在户外活动好不好/小班　　62

你喜欢上幼儿园还是喜欢在家/小班　　65

瓢虫是不是害虫/小班　　68

吃饭抢第一好不好/中班　　71

吃零食好不好/中班　　74

做大人好,还是做小孩好/中班　　77

喜欢太阳,还是月亮/中班   80

老建筑要拆除吗/大班   83

小鱼要不要和妈妈分开/大班   86

动物表演好不好/大班   89

辩论是不是吵架/大班   92

第六章   学前儿童自觉式辩论教育实践   95

甜甜的礼物/小班   99

自己上楼好不好/中班   103

有弟弟妹妹好不好/大班   108

勇气/大班   113

动物法庭/大班   120

你喜欢风吗/大班   124

冬天好还是夏天好/大班   131

好消息,坏消息/大班   135

米歇尔,一只倒霉的羊/大班   140

城市好还是乡村好/大班   144

第七章   学前儿童自主式辩论教育实践   149

能不能选自己当主持人/大班   152

"乖乖的、一模一样"好,还是"调皮的、与众不同"好/大班   156

学特长好不好/大班   160

大声说话好不好/大班   164

高速路好还是普通路好/大班   168

白羊染发好不好/大班   172

秋天好还是春天好/大班   176

猴子生活在动物园里好,还是森林里好/大班   180

后记   185

第一章

学前儿童辩论的概述

第一章　学前儿童辩论的概述

一、辩论的内涵

说起"辩论",大家脑海里容易出现"大专辩论赛"等一系列成人的活动。这些活动对成人来说都是相当难的,因此,很多人质疑:学前儿童能进行辩论吗? 先不回答这个问题,让我们看看学前儿童与老师、同伴之间的一些真实对话。

案例一:

幼儿园里老师正在给小朋友讲李欧·李奥尼写的故事——《蒂科与金翅膀》,故事是这样的:蒂科是只没有翅膀的鸟,由朋友们照顾。有一天晚上,来了一只许愿鸟。他帮蒂科实现了想要有一对金翅膀的愿望。结果他的黑翅膀朋友们愤怒地离他而去,他们说:"你想要与众不同。"困惑又受伤的蒂科发现,如果他做好事,那么他的金翅膀就会逐渐变成黑翅膀。后来,蒂科的金翅膀终于全部变黑了。大家欢迎蒂科回来,他们说:"现在你跟我们一模一样了。"老师和孩子们就"蒂科放弃金翅膀是否公平"这一问题展开了讨论。

老师:我并不认为蒂科放弃他的金翅膀是公平的。

莉萨:公平啊! 他没有翅膀的时候比较好。当他有翅膀的时候,大家都不喜欢他。

沃利:他认为有金翅膀会更好。

埃迪:他是更好了。

吉尔:可是他没有认为更好。许愿鸟给他金翅膀给错了。

德亚娜:她必须按照蒂科的愿望给。是他自己不应该要金翅膀的。

沃利:他可以把金翅膀放在黑翅膀上面骗他们。

德亚娜:他们会偷偷进来看金翅膀。他应该给每只鸟一片金羽毛然后自己留一片。

老师:为什么他自己不能决定要什么样的翅膀?

沃利:他决定,一定要黑翅膀。①

---

① ［美］薇薇安·嘉辛·佩利.沃利的故事:幼儿园里的对话［M］.蔡庆贤,译.昆明:晨光出版社,2019.

案例二：

　　随着中国"三胎"政策的开放，越来越多的家庭出现了"弟弟"或"妹妹"，作为"哥哥"或"姐姐"，幼儿们是怎么看待这个问题的呢？下面是"哥哥""姐姐"们之间的对话。

　　Z：我喜欢有个妹妹，这样我就可以在家里玩真人娃娃家了。

　　Q：我觉得有弟弟妹妹好，我家里有个妹妹，我每天回家都可以和她一起玩，我还可以像妈妈那样照顾她，给她喂奶，换尿布，很开心的。

　　S：我觉得有弟弟妹妹不好，因为妈妈生了我们已经很累了，再生一个会更累的。

　　L：可是，哥哥姐姐可以帮着爸爸妈妈照顾弟弟妹妹啊，以后等我们长大了，就可以一起照顾爸爸妈妈啊。

　　Q：是啊，一个孩子的话，以后长大了就一个人照顾爸爸妈妈；两个孩子的话，以后就可以两个人一起照顾爸爸妈妈了。

　　B：我也不喜欢有弟弟妹妹，家里人太多了，房间会很挤的。

　　C：我不同意，也就是多了一个人而已啊，不会占很多地方的，而且家里人多一点更热闹啊。

　　B：可是多了个弟弟妹妹，妈妈就要买更多的东西，比如衣服、裤子啊。

　　C：我觉得你说得不对，我家里的弟弟现在穿的衣服都是我以前穿过的，妈妈不用再买，可以省很多钱。（上海市长宁区北新泾第二幼儿园提供）

　　我们选择了国外和国内两个案例，可以看出，学前儿童在学习和日常的生活中都会出现"辩论"的现象。那什么是"辩论"呢？在我们的学习和生活中，每个人都会碰见一些问题，并产生一些想法，而每个人产生的想法又有所不同。当我们把自己的想法说出来时，就是在"论"；当和别人的想法不一致，我们为维护自己的想法而进行的说，就是在"辩"。其实，"辩论"无处不在，在学前儿童的世界里亦是如此。

　　学前儿童辩论就是指学前儿童在一日生活中，对看到、听到和碰到的事物有理由地说清楚自己的观点，在别人有不同意见的时候，通过分析和判断，反驳或吸纳不同的观点，最终形成自己的观点的对话过程。

　　学前儿童的辩论可能发生在家里、幼儿园等任意场所，可能发生在幼儿园生活、运动、游戏和学习的各个环节。比如，在喝水时，有个幼儿边倒水边说："水没有饮料好喝，饮料里面有甜甜的味道。"旁边一位幼儿听见了则提出反对意见："但是喝水比喝饮料健康，水里面没有防腐剂。"……在多日阴雨天后，终于迎来了阳光，大家可以去室外活动了，有个小朋友高兴地说："终于可以到操场上去了，我喜欢在室外运动。"另一个小朋友则说："我喜欢在室内运动，因为可玩的东西更多。""室外运动好，因为场地很大，又有很多不一样的运动器械。""室内运动好，因为游戏很好玩，教室里的桌子和椅子也能变成好玩的游戏。"……在游戏和学习环节中，这种辩论是随时可能发生的。所以，教师可以组织一些专门的辩论活动，以提升学前儿童各种能力的发展。

幼儿园的辩论活动，是指围绕一个具有对立性或争议性的话题，让学前儿童运用一定的方法，进行解释说明、论证反驳的语言活动。这种语言活动可以帮助学前儿童学会解释自己的观点，提高倾听和理解的能力，积累解释和反驳观点的方法，培养坚持己见、表达观点的能力，对思维品质、独立性和社会性的发展都有着深远的意义。

辩论有广义和狭义两种，广义的辩论是指由一个话题展开的、可以充分表达多种不同意见的大型讨论活动，而讨论所持的观点具有一定的对立性和争议性。狭义的辩论是指由一个两元对立的话题开展的论证和辩驳的活动。在幼儿园，应先开展多元的广义辩论活动，逐渐过渡到两元对立的狭义辩论活动。比如，很多幼儿园在来园和餐前谈话的环节、阅读区角等环境中开展广义的辩论活动；在语言集体活动中开展狭义的辩论活动。

二、辩论对学前儿童发展的价值

辩论是学前儿童用口头语言进行"论证"和"辩驳"的过程，是一种高级的口头语言形式，更是语言综合运用能力的体现。这种口头语言的形式对学前儿童来说极富挑战性，却能很好地促进学前儿童多方面的发展。

（一）促进学前儿童的表达能力和分析能力的发展

辩论是一种高级的口头语言形式，要说清楚自己的观点是什么，还要说清楚持这种观点的理由是什么。仅仅是单方面地说还不行，还需要和别人"辩"。"辩"是根据别人的语言，针对别人的观点来进行反驳，不是随便乱说，而是有方向、有目标的——既要指出别人的错误在哪里，又要说出反驳别人观点的合理理由，有时还需要分析判断出别人说得合理的方面，并进行吸纳。因此，在辩论活动中，"论证"和"辩驳"的过程都需要学前儿童的清晰表达和分析判断。因此，这样的活动非常有利于提升学前儿童的表达能力和分析能力。

（二）促进学前儿童的倾听能力和理解能力的发展

辩论不是一个人的独角戏，不是独白式的语言，而是对话式的语言，且是有争议的对话。

5

基于辩论的这一特质,如果没有良好的倾听能力和理解能力,学前儿童是无法进行辩论的。因为辩论需要认真倾听别人的观点,并准确理解其含义,然后或从中发现别人观点的问题,进行相应的反驳;或从中汲取别人观点的有益之处,进一步完善自己的观点。无论是反驳,还是吸纳,都是建立在倾听和理解的基础之上的。因此,学前儿童在参与辩论的活动时,会不由自主地提升倾听和理解的能力。

（三）促进学前儿童思维品质的发展

辩论是口头语言的一种表现形式,更是大脑思维活动的外显形式。思维活动反映了个体智力或思维品质的差异,思维品质主要包括思维的深刻性、灵活性、批判性和创新性等方面。[①] 学前儿童在辩论时,思维品质的这四个方面都会得到很好的发展。当就某一现象思考其背后的原因,或预测某一事件的后果时,学前儿童思维的深刻性就在提升;当依据不同意见,完善自己原有的观点时,学前儿童思维的灵活性就在发展;当分析别人的观点,并做出相应的赞同或反驳时,学前儿童思维的批判性就在提升;当表达与别人不一样的观点,或发挥自己独特的想象时,学前儿童思维的创新性就在发展。总之,辩论是非常有效的提升学前儿童思维品质的活动。

（四）促进学前儿童独立性发展

蒙台梭利认为:"儿童要求独立是我们所说的'自然发展'的基本步骤……这种要求非常强烈,只有死亡才可以阻止这种倾向。"[②]由此可见,要求独立是人类(包括学前儿童)发展的本能。有心理学家对学前儿童的独立性进行了深入的研究,在2—5岁儿童中,选择了独立性较强的和独立性较弱的儿童各100名,进行追踪研究,直至青年期。研究的结论是:独立性较强的这组中有84人意志坚强,有主见,有独立分析和判断并作决定的能力;独立性较弱的这组中只有26人的意志比较坚强,其余人都不能独立承担责任或作决定。[③] 上述研究告诉我们:学前儿童独立性的发展对人类的成长意义非凡。如果说,离开母亲的子宫、学会独立行走是学前儿童行为上的独立,那么开始用代词"我"来称呼自己、自我意识的逐步发展则是学前儿童思想上的独立。幼儿期是培养独立性的重要时期,儿童希望通过自己的思考获取经验,而不是依靠别人。而辩论是培养学前儿童独立性的最好的方式之一,因为辩论活动

---

① 中国百科大辞典编委会.中国百科大辞典[M].北京:华夏出版社,1990:58.

② ［意］玛利亚·蒙台梭利.有吸收力的心灵:儿童的思维决定他的一生[M].高潮,薛杰,译.北京:中国发展出版社,2003.

③ 周兢.学前儿童语言学习与发展核心经验[M].南京:南京师范大学出版社,2014.

就是让学前儿童充分表达并坚持自己的观点，不要"人云亦云"。在"你一言,我一语"的辩论中,在反复地阐述和修正自己的观点的过程中,在不断地质疑、反驳甚至汲取别人的观点的过程中,学前儿童的独立性就得到了提升。

（五）促进学前儿童社会性发展

辩论是无处不在的,是学前儿童在解决一日生活中碰到的问题时,提出了不同的意见而引发的。比如,春游的时候,应该带水还是带饮料;吃饭要不要抢第一;在游戏分享中,争论谁的游戏更好玩;在去了马戏城之后,讨论该不该让动物表演;在读了《一根羽毛也不能动》之后,讨论遵守规则重要,还是维护生命重要……因为有不同的意见,所以会出现冲突。在多次"论"和"辩"的对话轮回中,学前儿童不但要解决在生活学习中发现的问题,还要面对该问题所引发的冲突。在解决问题时,他们开始思考生活中碰到的小问题、学习中的不同尝试、"我"和周围人之间的关系、人类和大自然之间的关系等。在面对冲突时,他们学习倾听不同的声音,尊重但不接纳或者汲取、悦纳不同的想法和观点。即,辩论活动给学前儿童提供了更多与这个社会互动的机会,让他们的社会认知和社会能力得到更好的发展,从而提升其社会性。

第二章

学前儿童
辩论学习
与发展的
核心经验

第二章 学前儿童辩论学习与发展的核心经验

辩论活动在儿童语言发展过程中所起的作用是不言而喻的。如何学会倾听别人的观点,如何愿意在公开场合积极表达自己的观点,如何学会质疑、维护、反驳和汲取别人的观点等,学前儿童这些方面的语言发展都离不开辩论这一语言教育活动。对于教师而言,如何通过辩论活动的组织达成促进学前儿童语言发展的相应目标则不是一件一蹴而就的事情。它需要教师对于辩论活动的内涵有深入了解,对于辩论活动和其他类型的语言教育活动之间的本质区别有清晰的了解。即,教师需要了解辩论活动所包含的核心经验。

学前儿童辩论学习与发展的核心经验指:在辩论活动中,学前儿童应该掌握的一些能力,应当发展到的水平。这些内容的获得,能使学前儿童的口头语言和思维能力平稳、快速地发展,达到教育的预期目标;而这些内容的缺失,将会导致学前儿童的表达和分析能力、倾听与理解能力、思维品质、独立性和社会性等方面发展呈现某些不足,落后于该年龄段可以达到的水平。对于家长和教师来说,了解和掌握学前儿童辩论的核心经验,有助于他们了解学前儿童口头语言和思维能力的发展水平,判断发展是否需要额外的帮助、在哪些方面需要帮助、应该如何给予帮助。

所谓"辩论"其实包含了两层意思:论证和辩驳。对儿童而言,"论证"就是解释清楚自己的观点;"辩驳"则是分析和反驳别人的观点,从而坚持和完善自己的观点。无论是"论",还是"辩",都是可以通过一些方法来实践的。而这些方法会极大地提升学前儿童的思维能力的发展。在整个辩论中,我们还要培养儿童对交流对象——人(特别是"持不同观点的人")的态度。因此,根据学前儿童语言能力和思维能力的发展特点,我们从辩论的内容、辩论的方法和辩论的态度三个维度将学前儿童"辩论"的核心经验划分为三条:一是解释、维护和完善自己的观点的经验,二是运用恰当的方法辩论的经验,三是理解、尊重甚至悦纳不同观点的经验。下面我们具体阐释这三条核心经验的内涵及其发展阶段。

一、解释、维护和完善自己的观点

观点是辩论的立足之本,没有了观点就没有了所谓的辩论。所以,学前儿童在参与这种口头语言的活动时,就应明晰自己的观点,并能很好地解释自己的观点。如何解释自己的观点,并为解释自己的观点而说出多条理由,这对于培养学前儿童的多角度思考问题的能力,是很有意义的。在辩论中,会遭到别人的反驳,所以学前儿童还要学会坚持自己的观点。由于年龄的特点,学前儿童非常容易跟着别人走,没有自己的主见。当他首选的观点遭到别人(特别是强势的孩子)质疑的时候,他们会怀疑自己的观点。这时,教师可以适当地引导,锻炼其坚持自己的观点,并能指出别人观点的错误,进行适当地反驳,即维护自己的观点。当然,辩论的终极目标不是证明自己的观点对,而是学会分析问题,客观全面地看待问题。因此,学前儿童在辩论时,既需要发现不同观点的不足之处进行反驳,也需要发现不同观点的可取之处进行吸纳,从而完善自己的观点,更加全面客观地分析和认识我们所处的世界。

经过研究发现,学前儿童辩论的核心经验——解释并坚持自己观点的经验,可以分为经验的初始阶段、稳定阶段和拓展阶段。

(一)初始阶段

1. 理解讨论的话题并对此有自己的判断

辩论是由一个话题引发的。所以,学前儿童首先要明白该话题,准确理解所要讨论的话题的含义。一般而言,幼儿辩论的话题都来自他们的生活,所以是比较好理解的。如果不是,就需要教师进行一定的引导和解释,或者设置相应的情节,以便于学前儿童理解。在理解的基础之上,需要儿童对某件事、某个问题有一个明确的观点,而明确的观点来自学前儿童的判断和评价能力。因此,在辩论的初始阶段,学前儿童还需要对该话题有一个自己的判断。比如,在一些幼儿园里曾组织过的辩论活动,"你喜欢夏天,还是冬天""青蛙该不该卖泥塘""当爸爸好,还是当妈妈好"等。当这些辩论的问题摆在学前儿童面前时,他们就必须进行思考、进行判断。如果态度就是一种判断或评价,它将有利于学前儿童独立思考和批判性思维的发展。

2. 用比较清楚的方式表达自己的观点

所谓"清楚的方式"应该包括两层含义:首先,从语言的外在形式来看,所用语言是规范的;其次,从语言的内在形式来看,所用语言是符合一定逻辑的。为了便于学前儿童积累这一经验,有些教师让学前儿童在辩论中学会使用"我认为……因为……所以……"的句式,而且这里的"因为……所以……"之间确实是有一定的因果逻辑关系的。比如,在"青蛙该不该卖泥塘"的辩论中,有儿童是这样表述的:"我认为青蛙应该卖泥塘,因为泥塘太脏了,没法生活,所以它应该卖掉泥塘,去过美好的生活。"从上面的例子,我们可以看出,该儿童用了非常清晰的语言表达了自己的观点——青蛙应该卖泥塘,接着他又用有着内在因果逻辑的理由支持了自己的观点。

（二）稳定阶段

1. 有坚持自己观点的态度倾向

辩论是在两方持不同观点下的对话，所以，当一方持某观点时，另一方会持相反意见。我们知道，学前儿童的判断和评价是很不稳定的，当有人提出反对意见时，他们时常会改变，不能坚持自己的观点。因此，进入稳定阶段的儿童，不仅要能说出不同理由解释自己的观点，还需要学会面对不同的、甚至相反的观点，即能在反对声中继续坚持自己的观点。这一经验的积累，有利于培养学前儿童的坚定和执着的品格。习得该经验最简单的办法就是：直接重复自己原来的观点和理由。更有能力者可以根据当时的辩论情况，针对别人的发言，对自己观点进行进一步的说明。

2. 尝试用不同的理由来解释、完善自己的观点

辩论培养的绝不是"人云亦云"的鹦鹉，而是有独特见解的人。在初始阶段，学前儿童只需要说出有因果关系的理由，而到了稳定阶段，则需要说出与别人不一样的理由。这样不仅可以突破学前儿童喜欢跟风的心理，还培养了学前儿童发散的思维和独立的人格。比如，在"当爸爸好，还是当妈妈好"的辩论中，当表述"当妈妈好"的理由时，第一个孩子说"当妈妈好，因为她可以穿漂亮的衣服"，接下来的一个孩子说出了相同的理由。教师进行了及时的提醒："请说出不一样的理由。"接下来的孩子虽然没有重复，但还是局限于着装。这时教师又提醒孩子："除了着装，当妈妈还有哪些好处？"这样，孩子的思维就在教师的引导下，慢慢地打开了，逐渐地孩子就能说出很多与别人不一样的理由了。

（三）拓展阶段

1. 能发现别人观点的不足之处或可取之处来完善自己的观点

辩论的话题都来自于学前儿童的一日生活，辩论的目的是让学前儿童用自己的眼睛去观察和审视所处的社会，用自己的身体去感知和体验周围的环境，用自己的大脑去分析和判断所遇到的人和事，用自己的语言表达出自己的所见、所闻和所感，通过与别人的观点进行交流和碰撞，最终形成自己的观点，建构自己的认知体系。所以，辩论不仅要说清楚自己的观点，有针对性地反驳别人的观点，还要能吸纳别人的观点，以完善自己的观点。

2. 能在有质疑、有反驳的情况下，多角度地坚持自己的观点

在初始阶段，学前儿童用简单的语言或一个理由坚持观点就可以了。但到了拓展阶段，

13

学前儿童则能多角度地支持和维护自己的观点,即用多个理由来解释自己的观点,且多个理由应该是不同角度的。比如,在"爸爸好,还是妈妈好"的讨论中,认为爸爸好的一方说,"爸爸可以带我去踢球""爸爸可以和我一起滑轮滑""爸爸经常带我去游泳",这些理由都是从一个角度来支持观点的,即爸爸能带我去运动。这时候学前儿童的思路还没打开,受到了第一个小朋友"爸爸可以带我去踢球"的影响,一直局限于"出去运动"的范围里。教师应该引导学前儿童打开思路,突破原有框架,拓展多角度的思维。在刚才的情形下,教师可以先总结:"你们说得都很好,都说了爸爸带我们去运动。还有没有别的方面?"如果他们还不能打开思路,教师可以通过肢体语言,比如做一些动作,来提醒大家爸爸还很勇敢、爸爸还很能干等。最终,激发学前儿童从多角度、不同思路来维护自己的观点。

3. 针对不同观点进行反驳

辩论不仅能培养思维的独立性,还能培养思维的批判性。辩论时,不仅要解释自己的观点,还要反驳不同的观点。所以,反驳是辩论所需的基本素质之一。好的反驳不仅要说清楚观点,还要说出相应的理由。比如,在"做人好,还是做动物好"的辩论中,一方小朋友说"做人好",另一方小朋友说出了简单的理由进行反驳,"做人很辛苦的,需要学很多东西"。在辩论中,学前儿童往往还会自顾自地发言,而不关注对方的发言。所以,教师可引导他们关注对方的观点,并从中找出错误,主动地发起对对方的质疑和反驳。

二、运用恰当的方法辩论

辩论是一种高级的语言形式,对儿童来讲,是很大的挑战。这个挑战不仅来自于外在语言能力的表现:既需要儿童能从正面解释清楚自己的观点,又需要儿童能从反面反驳别人的观点。这个挑战更来自于内在思维方法的运用:在辩论中,儿童会不自觉地运用到一些辩论的方法,比如:陈述、假设、对比、反问、举例等。这些方法的运用不仅提高了他们口头语言表达的能力,还会促进其思维能力的发展。如果教师再适当地助推,则学前儿童的分析、判断、评价等能力将获得极大的提升。但辩论方法的运用是一个渐进的过程,儿童在这个过程中的发展阶段如下。

(一) 初始阶段

尝试运用个别方法解释自己的观点或反驳别人的观点。

辩论需要运用很多方法,在多次的教学实践中,有教师总结出陈述、假设、对比、反问、举例等方法。在初始阶段儿童会运用个别的方法,大多是本能地、尝试性地运用,他们自己并不知道这是一种方法。比如，在"晴天好，还是雨天好"的辩论中，有些儿童就会本能地说："晴天没有雨天好。"这就是最简单的"对比"。

（二）稳定阶段

开始比较熟练地运用多种辩论方法。

在多次参与辩论活动之后，不同的儿童会使用不同的方法，同一个儿童还能激发出多个方法。我们会发现，儿童会越来越熟练地运用多种辩论方法：不仅会用"陈述"，也会用"假设"，可能还会用"举例"等。这就说明：学前儿童运用方法进行辩论已经进入稳定阶段了。

（三）拓展阶段

有意识地运用和积累一些辩论方法，产生敏锐辩说的效果。

其实辩论是有很多方法的，学前儿童在多次参与后，会熟练地运用一些方法，但他们却很少能意识到这些方法的存在。如果这个时候，教师能帮他们进行提炼，让他们知道这个方法的准确概念，并让他们记住这些方法，将会事半功倍地提高学前儿童的辩论水平，帮助他们敏锐辩说。一旦学前儿童记住了这些方法，在以后的活动中，他们将有意识地运用和积累各种辩论方法，这会极大地促进其思维能力的提升。

三、理解、尊重甚至悦纳不同观点

学前儿童往往是比较"自我中心"的，他们经常会以为这个世界就是自己认为的那样。所以，他们不太关注别人的言论，一门心思只注重自己的观点。因此，倾听是学前儿童在口头语言活动中需要培养的重要能力之一。倾听，不仅仅是竖着耳朵"听"别人讲话，还要听明白，即理解别人所讲的含义，知道别人的观点是什么，并在理解的基础之上，尊重别人的观点。"讨论"和"辩论"势必存在分歧和争议，也就是意见会很不统一，各有各的看法，各有各的观点。当分歧存在时，在辩论的活动中，学前儿童需要坚持自己的观点和理解别人的观点，同时，还需要尊重和欣赏别人、尊重和悦纳别人的观点。

经过研究发现，学前儿童辩论的核心经验——理解、尊重甚至悦纳不同观点的经验，可以分为初始阶段、稳定阶段和拓展阶段。

（一）初始阶段

1. 认真倾听别人的发言

倾听是学前儿童需要掌握的一种能力，儿童在很小的时候，只知道自顾自地说，较少关注别人在说什么。随着年龄的增长,教师应该锻炼学前儿童倾听的能力。倾听,首先要认真听别人的发言,不插嘴,不随意打断别人的话。由于学前儿童的语言能力还不成熟,经常会出现表述不清的现象,即有可能一个孩子为了说明一个观点,需要费很长的一段时间,导致有的孩子没有耐心听完,随意地打断他的讲话,急于把自己的观点表达出来。当这样的情况出现时,教师应及时给予语言或行为的暗示,让学前儿童学会倾听。

2. 知道有不同观点的存在

在心理发展的初期,学前儿童处于"自我中心"的时期。自我中心是指儿童仅依靠其自身的视角来感知世界、无法意识到他人可能具有不同视角和观点。皮亚杰认为,在心理发展的初期,自我和外部世界还没有明确分化开来。婴儿把每一件事情都与自己的身体关联起来,好像自己就是宇宙的中心一样。也就是说,婴幼儿只能根据自己的需要和感情去判断及理解事物、情境、人物关系等,而完全不能采取别人的观点,无法注意别人的意图,不会从别人的角度去看问题,不能按事物本身的规律和特点去看问题。[①] 所以,在辩论核心经验发展的初期阶段,教师需要帮助学前儿童"去自我中心主义",让他们知道别人的观点和自己的观点是不一样的,感知到不同看法的存在。

(二) 稳定阶段

1. 讨论时不随意地插话、抢话

学前儿童是以自我为中心的,他们关注自我,很少关注别人。他们想尽快表达自己的观点,而不关注别人的观点。尤其在有竞争的氛围下进行对话时,更是这样。很多学前儿童会自顾自地说话,而不管别人怎样;或者别人说话时,他根本没有意识到别人正在说话,而是自己随时随地想说就说,随便地插入到别人的对话中。所以,教师要告诉学前儿童学会安静地听同伴说话,别人说话时,不插嘴、不抢话。

2. 仔细地倾听并理解别人的观点

在稳定阶段,学前儿童不仅能安静地倾听、不插嘴,还能听懂别人的发言,理解别人所说的意思。在聆听相反观点时,他们很有可能会忘记自己的观点。此时,教师要适当地提醒,如,"你们可以想一想,怎么反驳他"。

---

① 陈会昌,庞丽娟,申继亮,周建达.中国学前教育百科全书(心理发展卷)[M].沈阳:沈阳出版社,1995.

（三）拓展阶段

1. 说话语气不蛮横，使用文明用语发表不同意见

语言是由语音、语调和语词组成的。不同的语音、语调和语词的组合会产生不同的效果。教师应当让学前儿童大体知道什么样的语音和语调代表过于激动,什么样的语词具有攻击性。在讨论和辩论的过程中,人难免情绪会激动,尤其是学前儿童。教师应引导学前儿童学会控制自己的情绪,知道辩论是为了说服对方,而不是靠声高气壮来压倒对方。辩论时,要用自然的语音、悦耳的语调、礼貌的语词来说服对方。

2. 学习按照一定的规则进行辩论

辩论是一种特殊的对话形式,是有一定规则的。在幼儿园的辩论可以先从讨论会开始,然后逐步过渡到辩论会。就这两种形式而言,讨论会的规则更类似于对话的规则,而辩论会则有更严格的规则。比如,"你听我说"(也叫"陈述辩论")环节,要求辩论一方所有成员发言完毕后,另一方才能发言;而"你说我辩"(也叫"自由辩论")环节,则要求双方轮流发言。随着辩论次数的增多,教师可以逐步地提高学前儿童的规则意识,让学前儿童在规则中辩论,在规则中尊重对方。

3. 尊重甚至悦纳别人不同的观点

讨论和辩论本身就是让不同的声音发出来,从而提升人的独立性和批判性思维能力。当一个话题被引入幼儿园进行讨论时,可能会出现很多种不同的观点。经过讨论或辩论后,学前儿童的思维能力得到了锻炼、语言能力得到了发展,但是很有可能出现"谁也没说服谁"的局面。这时教师不要急着给予这次讨论或辩论一个标准的答案,而是让学前儿童学会接受多元的答案。可以引导他们反思一下自己的观点是不是还有不足,有什么办法可以更好地解释自己的观点,甚至也可以赞同或悦纳对方的观点;找一找别人的观点还有哪些漏洞,可以如何反驳。做到即使不赞同别人的观点,也要尊重别人的观点。

由初始阶段经稳定阶段再达拓展阶段的过程,与儿童的年龄特点、参与辩论的次数都有一定的关系。辩论需要儿童具备较好的语言能力,这种能力需要多次的尝试,才能得到提升。一般而言,初始阶段是对辩论内容、辩论方法和辩论态度的积累,随着儿童语言能力的不断发展以及辩论练习次数的增加,儿童的辩论水平不断获得发展,逐步到达稳定阶段、拓展阶段。表2-1能够清晰地呈现辩论的核心经验概念及其在不同发展阶段对应的学前儿童学习与发展目标。

表 2 - 1 学前儿童辩论学习核心经验的内涵及发展阶段

内容	核心经验		学习与发展目标		
	概念	示例	初始阶段	稳定阶段	拓展阶段
● 辩论幼儿园的辩论活动,是指围绕一个具有对立性或争议性的话题,让学前儿童运用一定的方法,进行解释说明、论证反驳的语言活动。	● 解释、维护和完善自己的观点的经验。辩论是互动的语言形式,需要向别人说清楚自己的观点,也需要在别人反对的情况下,继续维护自己的观点、反驳或汲取别人的观点来完善自己的观点。	● 如能用不同的理由来支持自己的观点。	● 理解讨论的话题并对此有自己的判断。 ● 用清楚的方式表达自己的观点。	● 尝试用不同的理由来解释、完善自己的观点。 ● 面对不同的观点,有坚持自己的观点的态度。	● 能发现别人观点的不足之处或可取之处以完善自己的观点。 ● 在有质疑、反驳的情况下,多角度地维护自己的观点。 ● 针对不同观点进行反驳。
	● 运用恰当方法进行辩论的经验。辩论有很多种方法,比如陈述、假设、对比、反问、举例等。通过开展辩论活动,可以让孩子掌握一些基本的方法,并锻炼思维方式。	● 如学会使用反问的方式反驳别人的观点。	● 尝试着用个别方法解释自己的观点或反驳别人的观点。	● 开始比较熟练地运用各种辩论方法。	● 能有意识地运用和积累各种辩论方法,产生敏锐辩说的效果。
	● 理解、尊重甚至悦纳不同观点的经验。辩论的时候,需要据理力争,也需要有接受不同观点的胸襟。所以,在态度上,尊重人;在心理上,尊重不同观点。	● 如使用文明用语和平和的语言进行辩论。	● 认真倾听别人的发言。 ● 知道有不同观点的存在。	● 讨论时不随意地插话、抢话。 ● 仔细地倾听并理解别人的观点。	● 说话语气不蛮横,使用文明用语发表不同意见。 ● 学习按照一定的规则进行辩论。 ● 尊重甚至悦纳别人不同的观点。

第三章

学前儿童辩论活动的范式及特点

第三章　学前儿童辩论活动的范式及特点

辩论语言作为学前儿童口语发展的重要内容得以正式提出,最早见于华东师范大学周兢教授及其团队的研究成果《学前儿童语言学习与发展核心经验》一书。在书中,周兢教授将学前儿童语言学习与发展的核心经验明确界定为早期口头语言交流与运用经验、早期书面语言学习与运用经验及早期文学语言学习与运用经验三个主要部分。其中,早期口头语言交流与运用经验又被明确界定为谈话经验、辩论经验、叙事性讲述经验、说明性讲述经验。① 由此我们知道,在以谈话、叙事性讲述和说明性讲述经验为主要内容的传统口头语言教育理念下,辩论经验的纳入为我们打开了一个新的视野。作为发展幼儿口头语言的一种新的活动形式,学前儿童辩论活动在产生和发展的过程中,也逐步形成了自发式辩论、自觉式辩论和自主式辩论三种不同的活动形态。这三种形态呈阶梯式发展,所谓阶梯式是指前者是后者的基础,后者是前者的发展方向。各自的特点如图 3-1,具体描述见下文。

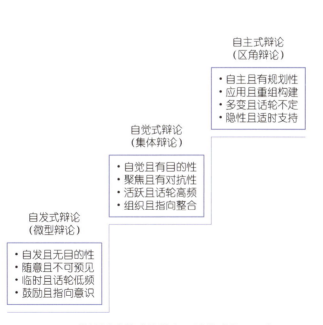

图 3-1　辩论活动范式的特点及阶梯式发展示意图

---

① 周兢.学前儿童语言学习与发展核心经验[M].南京:南京师范大学出版社,2014.

一、自发式辩论活动

（一）自发式辩论活动的内涵

自发式辩论活动是指幼儿在幼儿园一日生活或家庭生活中与同伴或成人之间，自发地对持不同看法的某一话题所进行的随机性口语交流活动。由于这类活动是没有计划和组织，随机生成的，通常是为一个小问题、生活的小细节而争论的活动。所以，这种自发的辩论又被称为微型辩论（或微辩论）。

一般而言，能引发微辩论活动的情况有三种：第一种情况是当幼儿对事物或现象的认知发生冲突时。学前儿童由于年龄尚小，他们所拥有的经验和认知都比较局限，他们对某些事物或现象的理解就会很不一样。而这种不一样往往会引发幼儿表达不同想法，就出现了争论。第二种情况是同伴交往发生冲突时。日常交往的过程中，幼儿与同伴之间的交往冲突时有发生，如争抢玩具图书、违反活动规则等。每一次冲突的发生，往往都伴随着观点相斥、时间长短不一的言语争论。第三种情况是对事物或现象的价值判断产生冲突时。由于价值判断标准的不同而产生观点的对立，微辩论活动由此发生。如喝水时，泽泽因为不喜欢喝白开水，把杯子里的水倒进了洗手池，这一行为马上引发了彤彤向老师的告状："老师，泽泽把水倒了。"很显然，彤彤认为把喝的水倒掉是不对的，她期望老师对泽泽的不正确行为进行干预。于是，彤彤对泽泽这一行为的价值判断，自然地引发了"把喝的水倒掉对不对"这一辩题。

（二）自发式辩论活动的特点

虽然引发微型辩论活动的原因不同，但在活动形态及发展进程等方面，辩论活动有其自身鲜明的特点。

1. 自发且无目的性

所谓自发，是指不受外力的影响而自然产生。在幼儿的一日生活中会发生很多的事件或问题，它们会引发幼儿自然的、本能的反应。自发式辩论活动就是幼儿面对某一有争议的事件或问题时做出的自然的、本能的反应之一。这种本能的反应在不经意间突然产生，辩论的双方或多方都是在没有准备、未曾意料的状态下，从自身的经验出发，本能地表述着自己的观点和看法，不受外部力量的驱动。

2. 随意且不可预见

自发式辩论活动通常在自然状态下发生，常呈现出"群龙无首"的低组织活动状态，在场的幼儿可以随时加入活动,也可以随时退出。辩论过程中幼儿会说出怎样的看法、话题会向怎样的方向发展,往往受幼儿的经验水平、思维水平及言语水平等客观因素的主导,所以,微型辩论活动的过程是一个不受外力支配的、由幼儿经验和思维支配的客观必然过程,不仅发生前难以预料,活动的结果也往往不能预见。活动的目的取决于活动的自然进展以及教师对活动过程中辩论因素的敏感捕捉。

3. 临时且话轮低频

自发式辩论活动多发生在日常生活活动和自主活动环节中,基本上都是由幼儿临时发起的、小群组的活动。其规模及自由自主的活动方式使自发式辩论活动常在某几个或某小组幼儿之间展开,涉及的人数较少,范围较小。由于自发式辩论活动常在不经意间发生,幼儿对突如其来的话题毫无心理和言语的准备,只能依赖于已有经验的支持。所以,这类辩论对话轮流的频次就不会太高,即话轮较低频。我们知道,幼儿的生活经验和认知经验都是相对贫乏的,它们对幼儿的言语所能提供的支持是微弱的,因此幼儿辩论所持续的时间也是比较短暂的。如小班幼儿参与微型辩论活动时往往只发表一下自己的看法就转向其他,"一过式"特点比较突出;中、大班幼儿的言语往来一般持续两三个回合也会停止。虽然时间短暂,但是幼儿思辨的萌芽已经清晰地呈现出来。

4. 鼓励且指向意识

步入幼儿园,学前儿童就进入了一个全新的社会系统,他们将面临诸多自己未曾单独面对过的问题和冲突,就难免会出现一些不一样的想法和观点。当他们在群体里表达时,就生成了自发式辩论。这种生成,给教师留下的初步感受是:冲突和矛盾。以往大多数教师都采用了大事化小,小事化了的办法。其实对于幼儿而言,这会让他们失去一些培养独立思考能力的机会。教师不妨直面这些有争议的话题,鼓励幼儿去讨论、去独立思考,给予充分的机会,让他们自由表达自己不一样的想法,当然也包括鼓励他们听取别人的想法等。当教师以一种鼓励的姿态去面对幼儿之间的言语争论时,幼儿会感受到:教师认可他们的独立思考,认可他们有不一样的想法。这培养了幼儿独立思考的意识,为培养批判性思维埋下了伏笔。

二、自觉式辩论活动

(一) 自觉式辩论活动的内涵

幼儿园自觉式辩论活动是指在教师有目的、有计划的组织下,以集体教学的形式开展

23

的,让幼儿在自我知觉的状态下,围绕一个中心辩题并运用一定的辩论方法,从正反两个方面阐述观点进行辩驳的口语对话活动。由于这类活动通常以集体教学形式呈现,所以又被称为集体辩论活动。

自觉式辩论活动是教师试图将幼儿自发式的、无目的的讨论,引导为一种有目的、有计划的,幼儿能自觉地、有意识地运用一些方法而开展的集体讨论活动。因此,教师会从大自然中、生活中和绘本中选择一些幼儿感兴趣的、且有争议的话题,让幼儿开展一场大讨论。自觉式辩论活动更是以发展幼儿的辩论语言能力为核心,推动着幼儿的批判性思维、认知及社会性等多方面的同步发展。

(二) 自觉式辩论活动的特点

自觉式辩论大多是以教师组织的集体教学形式而开展的,集体教学活动具有鲜明的目的性、组织结构性等一般特点,在这一基础之上,自觉式辩论活动还呈现出自身独有的特点。

1. 自觉且有目的性

与自发式辩论相比,自觉式辩论活动则体现出活动不是突然生成的,而是在一种自我知觉的状态下进行的。由于自觉式辩论大多是教师组织的集体教学,所以它有集体教学活动的显著特征:明确的、既定的教学目标。为了实现教学目标,教师要对教学环节的推进、师生之间的教学互动等教学过程进行精心的设计。幼儿在参与的时候,也能感知到这个活动是有目的、有计划的。

2. 聚焦且有对抗性

可以说,自觉式辩论活动是教师有目的地引发并指导幼儿学习"论"和"辩"的对话活动过程。在这一过程中,幼儿聚焦于一个核心问题,既要从自身观点出发,充分表达自己的看法和理解,即"论"——言语独白,更要从对方观点出发,回应质疑、发起质疑,即"辩"——言语交锋。无论是对自身观点的坚持,还是对对方观点的反对,"论"和"辩"或交替出现,或相互交织在一起,活动过程始终在"论"和"辩"的对抗中推进。

3. 活跃且话轮高频

在故事、散文、诗歌类语言活动中,幼儿多以目标语言的输入式学习为主;而在辩论活动中,则是根据现场变化的语境迅速组织并输出语言,内部输出式的语言学习占主导地位。由于自觉式辩论活动具有鲜明的对抗性特点,为了将自己的看法、见解表达清楚,幼儿需要调动已有的语言经验组织陈述;为了应对同伴的质疑,又需要认真听清同伴的语义并迅速组织语言进行回应。这种即刻组织和迅速回应使幼儿的思维始终处于高度活跃的状态,语言快速、高效产出,从而形成了一种高频次的话轮过程,这也是幼儿创造性的语言学习和发展的过程。

4. 组织且指向整合

自觉式辩论活动是由教师组织的集体教学活动。在组织的过程中,教师要明确幼儿的已有经验和最近发展区,重点考虑如何将新、旧经验整合在一起。认知同化学习理论认为:影响学习的最重要的因素是学习者已有的知识结构,有意义学习必须以学习者原有的认知结构为基础,学生是否掌握新知识,关键取决于他们的认知结构中已有的相关概念。[①]　因此,"影响学习的最重要因素是学习者已知的内容"。自觉式辩论活动中,当幼儿关于辩题的经验水平不同时,"论"和"辩"的比重就会呈现出不同,且逐渐趋于整合的状态。当幼儿缺乏关于辩题的相关经验时,往往会表现出思维的局限和语言的乏力,模仿、重复他人的"同质性"语言倾向明显,对同伴的观点、论据也难以反驳,呈现出以"论"为中心的活动倾向;当幼儿关于辩题的经验较丰富时,不仅能从自身观点出发,清晰、完整地陈述、论证自己的观点,且能对同伴的不同观点、论据给予态度鲜明的反驳,呈现出以"辩"为主的活动倾向。随着幼儿辩论经验的丰富,"论"和"辩"开始合二为一,整合为一体。无论是自发地获取,还是教师的隐性助推,都为幼儿积累了越来越多的、零散的辩论经验,如清楚地陈述自己的见解、捕捉对方语言的漏洞或错误等。正是这些零散的经验,为幼儿在自觉式辩论活动中的语言和思维奠定了基础,也为幼儿后期经验的迁移和整合提供了可能。

三、自主式辩论活动

(一) 自主式辩论活动的内涵

所谓自主,是指自己作主,不受别人支配。在心理学中,自主就是遇事有主见,能对自己的行为负责。因此,自主式辩论活动是指幼儿自主发起并自行组织的、围绕感兴趣的辩题进行的口语辩驳活动。继自发式辩论和自觉式辩论之后,幼儿已经养成了辩论的意识,自行发起和组织辩论活动,自主式辩论活动是有目的性的活动。

(二) 自主式辩论活动的特点

建构主义者斯皮罗(Spiro)等人提出的"认知灵活性理论"认为,学习可以分为初级学习和高级学习两种类型。初级学习是学习中的低级阶段,学习者主要学习一些重要的概念、事

---

① 何雪玲. 奥苏贝尔认知同化学习理论对现代教学的启示[J]. 钦州学院学报,2008,(01),99—102.

实等结构良好领域的知识。而高级学习则与此不同,它要求学习者理解概念的复杂性并接触结构不良领域的问题,灵活地运用知识解决问题,学习的性质从知识的简单提取转变为知识的迁移和应用。① 幼儿自主式辩论活动,就是高级学习的一种具体体现,它有如下几个特点。

1. 自主且有规划性

自主式辩论活动源于幼儿的自愿,并在自由、自主的氛围中,有规划地开展。幼儿既是活动的发起者,同时也是活动的组织者、参与者和评价者,活动的全程由他们自己主宰。在活动的发起阶段,他们会通过协商选择辩题、通过推选确定主持人选、根据意愿选择自己的观点立场等;在活动过程中,他们会基于自身的经验阐述观点、展开辩驳,并听从或回应主持人的活动建议,努力遵守活动规则;在活动结束时,他们还会对自身及同伴的活动表现、活动的效果作出评价。这种高度自主、自我规划的活动方式使得幼儿对辩论活动的兴趣得以保持。

2. 应用且重组构建

我国著名教育心理学家皮连生将知识的学习分为三个阶段,即习得阶段、巩固与转化阶段、迁移与应用阶段。其中,"迁移与应用"阶段是学生达到"提取知识、应用技能和策略解决实际问题"的最高阶段。② 在自主式辩论活动中,幼儿关于辩论语言、辩论方法的学习主要是这种"迁移与应用"的学习。面对同伴之间密集的语言互动,他们一方面主动运用已有的辩论言语、方法等经验参与辩论,另一方面,对同伴的语言、思维及方法等一系列新的经验,也主动进行甄别、筛选和吸纳,并将它们与已有的辩论经验不断地进行建构重组或观念转变,从而实现新的意义建构和经验提升。这种基于已有经验的新经验建构与微型辩论活动中发自本能的"自发学习"有着本质的区别,是幼儿充分调动自身的积极性、主动性和创新精神,最终达到有效地对当前所学知识进行意义建构的一种高级学习活动。

3. 多变且话轮不定

由于自主式辩论活动是一个高度开放、变化频出的动态过程,幼儿在"论""辩"的过程中思维灵活而跳跃,随性而多变。时而脑洞大开、妙语连珠,时而天马行空、不知所云……所以,他们之间的对话可长可短,也就是话轮的频次呈现出不定的状态。由于这是幼儿自主的辩论活动,教师需要接受这种"有话则长,无话则短"的状态。

① 陈琦,刘儒德.当代教育心理学[M].北京:北京师范大学出版社,2007.
② 皮连生.教育心理学(第四版)[M].上海:上海教育出版社,2016.

4. 隐性且适时支持

虽然自主式辩论活动是幼儿自由自主的学习活动,但教师有目的的隐性支持不可或缺。这种隐性支持主要体现在环境准备和新经验促成两个方面。环境准备主要是指教师为幼儿提供的物质支持,如辩题卡、与辩题有关的图画书、图片及幼儿经验表征材料等;新经验促成则指当幼儿在活动进程中面临困惑、疑难等挑战时,教师适时提供支持,推动幼儿实现"最近发展区的跨越"。

第四章

学前儿童辩论活动的组织策略

第四章　学前儿童辩论活动的组织策略

　　尽管学前儿童辩论活动从形式上可分为自发式辩论、自觉式辩论和自主式辩论三种，并呈现出各自鲜明的特点，但在促进幼儿辩论核心经验的学习和发展、提升语言质量及批判性思维水平等根本目标上，三种形式在实施过程中又都有着共同的目标和可遵循的组织策略。

一、细化核心经验，构建发展指标体系

　　长期以来，由于对活动目标的内涵构成缺少深入分析和科学界定，不仅造成了活动目标的定位笼统空泛、逻辑不清、操作性不强等一系列问题，更直接导致了教师对活动目标的把握模糊不清这一长期存在的瓶颈问题。这一瓶颈问题虽然在不断的研究推进中得到了显著解决，但目前的教学实践中仍不乏存在，由此产生的低效教学仍时有发生。作为发展幼儿辩论经验的一种新的语言活动形式，如何避免活动目标的设置重蹈笼统、空泛的覆辙，形成一套可操作的、系统的辩论语言能力的核心指标体系，以利于教师真正明晰目标要点并付诸实践，实现幼儿辩论语言能力的实质性发展，这将成为辩论活动组织开展的首要起点。

　　关于学前儿童的辩论核心经验，本书第二章已从三个方面进行了清晰的界定，即解释、维护和完善自己的观点，运用恰当的方法辩论，理解、尊重甚至悦纳不同观点。那么，每一条核心经验之下包含哪些具体的、可操作的要素？每一要素作为辩论能力的关键构成究竟发挥着怎样的作用？应该按照怎样的顺序将它们系统排列才能更好地顺应幼儿学习与发展的节奏？研究和澄清这些问题，对于避免活动目标泛化、建立辩论语言能力的核心指标体系意义重大。

　　心理学家认为：对学习材料所做的精制越充分，越能导致良好的记忆。因为精制能给日后提取信息提供多种可选择的通路，对回忆的重新构想提供额外的信息。著名的教学系统设计专家瑞奇鲁斯所提出的教学细化理论认为：教学内容的宏观组织问题，可以通过"概要"设计和细化等级设计两个设计过程，按照认知学习理论实现对教学内容最合理而有效的组织。这为幼儿辩论能力发展指标的系统组织提供了可靠的理论依据。比如，把辩论核心经验"解释、维护和完善自己的观点""运用恰当的方法辩论""理解、尊重甚至悦纳不同观点"作为辩论能力的一级指标；然后按照"由浅入深"的原则，对每个一级指标的构成要素的语义

内涵进行细化分解,使之变得更加充实和具体,并从解读的含义中筛选出符合幼儿最近发展区的内容,确定为口语表达能力的内涵标准、质量标准,从而形成相同等级上一定数量的二级指标;对所形成的二级指标,再按照"由易到难、由简到繁"的原则进行先后顺序的排列。以"解释、完善和维护自己的观点"为例,将其语义扩充、细化为"清楚地解释自己的观点"和"从不同角度解释、完善自己的观点"两个相同等级的二级指标,继续按照同样的方法对二级指标的构成要素进行语义细化分解,将"清楚地解释自己的观点"中的构成要素"清楚"的语义扩充、细化为"发音清晰、准确"和"准确使用词汇、句子"两个三级指标,继续按照同样的方法对三级、四级等指标进行细化分解。通过每一次细化,使目标内涵越来越具体、深入和细致,直至达到作为活动目标需要的可操作程度为止。由此,一个经过逐级细化的、具有系统内涵联系的辩论能力的发展指标体系形成。(见图4-1)而这个发展指标体系也可以成为学前儿童习得辩论核心经验的方向,成为教师制定教学目标的依据。为了一线教师能在制定教学目标时更容易操作,依据教师实际的带班需求,对这个发展指标体系进一步细化,按照小班、中班和大班三个年龄段又梳理出了各年龄段幼儿辩论能力发展指标体系。(具体见表4-1、表4-2、表4-3)

二、基于儿童立场,选择有价值的辩论话题

毋庸置疑,好的辩题既是引发辩论的"导火索",更是展开辩论的"资源库"。它不仅是幼儿辩论语言的材料源泉,同时也是幼儿批判性思维、认知及社会性等多方面发展的沃土。可以说,辩论活动的质量在很大程度上取决于辩题的选择。因此,选择辩题时,应着重把握好以下几方面的选择标准。

(一)选择争议性强的辩题

唯物主义辩证法的矛盾观告诉我们:事事有矛盾,时时有矛盾;矛盾双方对立统一,始终是不可分割的。任何一个辩题在客观上存在两种互相矛盾的性质或倾向就构成了其争议性,对辩题意见不一致而争执不下、互不相让也成为争议性的显著表现。因此可见,辩题的争议性如同一个言语催生器,极易引发幼儿言语参与的兴趣及言语产出。争议性越大,言语参与的兴趣越浓厚,言语产出的频率也越高。比如,在幼儿完成"守株待兔"这个成语故事的学习之后,"农夫该不该等兔子"这个辩题会随即产生,"该等"或"不该等"很容易引发幼儿的辩论。

学前儿童辩论能力发展指标体系

1. 解释、维护和完善自己的观点的能力

1.1 清楚地解释自己的观点
- 1.1.1 能口齿清楚、发音准确地解释自己的观点
- 1.1.2 能语言完整、准确地解释自己的观点
  - 1.1.2.1 能正确使用常用的名词、动词、形容词、连词、副词、量词等词汇解释自己的观点
  - 1.1.2.2 能正确使用常用的简单句和复杂句解释自己的观点
  - 1.1.2.3 学习使用并列、因果、假设、转折、递进等复句解释自己的观点

1.2 多角度维护和完善自己的观点
- 1.2.1 能从自身角度维护和完善自己的观点
  - 1.2.1.1 能从自身的生活经验、认知经验，认知及社会交往经验等多个角度维护和完善自己的观点
- 1.2.2 能吸取他人的可取之处维护和完善自己的观点
  - 1.2.2.1 能吸取他人的方法辩论方法对比维护和完善自己的观点 —— 经验及辩论方法维护和完善自己的观点

1.3 针对不同观点进行反驳
- 1.3.1 能针对对方的不同观点进行反驳 —— 1.3.1.1 能从认知或逻辑等不同角度对他人的观点进行反驳
- 1.3.2 面对他人的质疑对自己的观点进行反驳 —— 1.3.2.1 能从认知或逻辑等不同角度证明自己或他人的质疑对自己的观点进行反驳

2. 运用恰当的方法证明自己的能力

2.1 能运用一定的辩论方法证明自己或反驳他人
- 2.1.1 能运用举例的方法证明自己或反驳他人
  - 2.1.1.1 能列举自己、他人的例子证明自己或反驳他人
  - 2.1.1.2 能列举文学作品、影像作品中的例子证明自己或反驳他人
- 2.1.2 能运用假设的方法证明自己或反驳他人
  - 2.1.2.1 能运用一致假设证明自己或反驳他人
- 2.1.3 能运用对比的方法证明自己或反驳他人
  - 2.1.3.1 能运用事物对比的方法证明自己或反驳他人
  - 2.1.3.2 尝试运用反面对比的方法证明自己或反驳他人
- 2.1.4 能运用引用的方法证明自己或反驳他人
  - 2.1.4.1 能引用他人的语言证明自己或反驳他人
  - 2.1.4.2 能引用文学作品、影像作品的语言证明自己或反驳他人
- 2.1.5 能运用否定的方法证明自己或反驳他人
  - 2.1.5.1 能正确使用否定词（不、不对、不同意）进行反驳
- 2.1.6 能运用反问的方法证明自己或反驳他人
  - 2.1.6.1 能使用"怎么……呢？为什么？难道……呢？难道……吗？岂不是……吗？"等反问句证明自己或反驳他人

3. 理解、尊重甚至悦纳不同观点的能力

3.1 认真倾听他人发言
- 3.1.1 别人发言时，能保持安静、注意力集中
- 3.1.2 能感受不同语气、语调所表达的不同含义
- 3.1.3 能理解他人表达的言语含义

3.2 遵守辩论规则
- 3.2.1 他人发言时不随意插话、抢话、遵守轮流、举手发言规则
- 3.2.2 发言时言语文明、体态适宜、不蛮横

3.3 学习悦纳他人的观点 —— 3.3.1 能用语言、体态表达对他人观点的接受或认同

图 4-1 学前儿童辩论能力发展指标体系

表4-1 小班幼儿辩论能力发展指标体系

一级指标	二级指标	三级指标	四级指标
1. 解释、维护和完善自己的观点	1-1 清楚地解释自己的观点	1-1-1 能口齿清楚、发音准确地解释自己的观点	1-1-1-1 能清楚地、正确地发出一些音素
		1-1-2 能语义完整、准确地解释自己的观点	1-1-2-1 能正确使用常用的名词、动词、形容词等词汇解释自己的观点
			1-1-2-2 能正确使用常用的简单句解释自己的观点
			1-1-2-3 学习使用并列复句、连贯复句解释自己的观点
	1-2 多角度维护和完善自己的观点	1-2-1 能从自身角度维护和完善自己的观点	1-2-1-1 能从自身简单的生活经验、认知经验等某一角度的不同方面维护和完善自己的观点
		1-2-2 能吸取他人的可取之处维护和完善自己的观点	1-2-2-1 能吸取他人言语中的词汇或句子来维护、完善自己的观点
	1-3 针对不同观点进行反驳	1-3-1 能针对他人的不同观点进行反驳	1-3-1-1 学习从认知角度对他人的观点进行反驳
		1-3-2 面对他人的质疑进行反驳	
2. 运用恰当的方法辩论	2-1 能运用一定的辩论方法证明自己或反驳他人	2-1-1 能运用举例的方法证明自己	2-1-1-1 尝试列举自己的例子证明自己的观点
		2-1-2 能运用否定的方法反驳他人	2-1-2-1 尝试使用否定词(不、不对、不同意)进行反驳
		2-1-3 能运用反问的方法反驳他人	
3. 理解、尊重甚至悦纳不同观点	3-1 认真倾听他人发言	3-1-1 别人发言时，能保持安静注意力集中	3-1-1-1 他人发言时，知道眼睛看着对方
		3-1-2 能理解他人表达的言语意义	3-1-2-1 知道自己的观点与他人的观点不一样
	3-2 遵守辩论规则	3-2-1 他人发言时不随意插话、抢话，遵守轮流、举手发言规则	3-2-1-1 在成人提示下，发言时能举手示意

表4-2　中班幼儿辩论能力发展指标体系

一级指标	二级指标	三级指标	四级指标
1. 解释、维护和完善自己的观点	1-1 清楚地解释自己的观点	1-1-1 能口齿清楚、发音准确地解释自己的观点	1-1-1-1 能清楚地、正确地发出一些较难发出的音素
		1-1-2 能语义完整、准确地解释自己的观点	1-1-2-1 能正确使用常用的名词、动词、形容词、连词、副词等词汇解释自己的观点
			1-1-2-2 能正确使用简单句和复杂句解释自己的观点
			1-1-2-3 能正确使用并列复句、连贯复句,学习使用因果复句、条件复句、假设复句解释自己的观点
	1-2 多角度维护和完善自己的观点	1-2-1 能从自身角度维护和完善自己的观点	1-2-1-1 能从自身的生活经验、认知经验及社会交往经验等其中的两个角度维护和完善自己的观点
		1-2-2 能吸取他人的可取之处维护和完善自己的观点	1-2-2-1 能吸取他人言语中常用的词句维护和完善自己的观点
			1-2-2-2 能吸取他人言语中基本的生活经验、认知经验,维护和完善自己的观点
			1-2-2-3 学习吸取他人言语中的举例、假设、对比等辩论方法维护和完善自己的观点
	1-3 针对不同观点进行反驳	1-3-1 能针对他人的不同观点进行反驳	1-3-1-1 能从认知角度对他人的观点进行反驳
		1-3-2 面对他人的质疑进行反驳	1-3-2-1 能从认知角度对他人的质疑进行反驳
2. 运用恰当的方法辩论	2-1 能运用一定的辩论方法证明自己或反驳他人	2-1-1 能运用举例的方法证明自己或反驳他人	2-1-1-1 学习列举自己、他人的例子证明自己或反驳他人
			2-1-1-2 学习举文学作品、影视作品中的例子证明自己或反驳他人

（续表）

一级指标	二级指标	三级指标	四级指标
		2－1－2 能运用假设的方法证明自己或反驳他人	2－1－2－1 学习运用一致假设证明自己或反驳他人
		2－1－3 能运用对比的方法证明自己或反驳他人	2－1－3－1 学习运用反物对比的方法证明自己或反驳他人
		2－1－4 能运用引用的方法证明自己或反驳他人	2－1－4－1 尝试引用他人的语言证明自己或反驳他人
			2－1－4－2 学习引用影像作品中的语言证明自己或反驳他人
		2－1－5 能运用否定的方法反驳他人	2－1－5－1 能正确使用否定词（不、不对、不同意）进行反驳
		2－1－6 能运用反问的方法反驳他人	2－1－6－1 学习使用"怎么……呢？ 为什么……呢？ 难道……吗？"等反问句来反驳他人
3. 理解、尊重甚至悦纳不同观点	3－1 认真倾听他人发言	3－1－1 别人发言时，能保持安静、注意力集中	3－1－1－1 他人发言时，在成人提示下能安静、仔细地倾听
		3－1－2 能感受不同语气、语调所表达的不同含义	3－1－2－1 能结合情景感受不同语气、语调所表达的不同含义
		3－1－3 能理解他人表达的语言意义	3－1－3－1 能听懂他人的观点和理由的基本含义
	3－2 遵守辩论规则	3－2－1 他人发言时不随意插话、抢话，遵守轮流、举手发言的规则	3－2－1－1 在成人提示下，能做到他人发言时不插话、不抢话，学习举手、轮流发言的规则
		3－2－2 发言时语言文明、体态适宜、不蛮横	3－2－2－1 发言时表情、动作自然，音量适中
	3－3 学习悦纳他人的观点	3－3－1 能用言语、体态表达对他人观点的接受或认同	3－3－1－1 在成人引导下，学习用点头、鼓掌等肢体语言表达对他人观点的接受或认同

表4－3 大班幼儿辩论能力发展指标体系

一级指标	二级指标	三级指标	四级指标
1. 解释、维护和完善自己的观点	1－1 清楚地解释自己的观点	1－1－1 能口齿清楚、发音准确地解释自己的观点	1－1－1－1 能清楚地、正确地发出大多数的音素
		1－1－2 能语义完整、准确地解释自己的观点	1－1－2－1 能正确使用常用的名词、动词、形容词、连词、副词、量词等词汇解释自己的观点
			1－1－2－2 能正确使用常用的简单句和复杂句解释自己的观点
			1－1－2－3 能正确使用并列复句、条件复句、因果复句、假设复句,学习使用递进复句、转折复句解释自己的观点
	1－2 多角度维护和完善自己的观点	1－2－1 能从自身角度维护和完善自己的观点	1－2－1－1 能从自身的生活经验、认知经验及社会交往经验等多个角度维护和完善自己的观点
		1－2－2 能吸取他人的可取之处维护和完善自己的观点	1－2－2－1 能吸取他人言语中的词句维护和完善自己的观点
			1－2－2－2 能吸取他人言语中的认知经验维护和完善自己的观点
			1－2－2－3 能吸取他人言语中的举例、假设、对比、引用、反问等辩论方法维护和完善自己的观点
	1－3 针对不同观点进行反驳	1－3－1 能针对他人的不同观点进行反驳	1－3－1－1 能从认知角度对他人的观点进行反驳
			1－3－1－2 学习从逻辑角度对他人的观点进行反驳
		1－3－2 面对他人的质疑进行反驳	1－3－2－1 能从认知角度对他人的质疑进行反驳
			1－3－2－2 学习从逻辑角度对他人的质疑进行反驳
2. 运用恰当的方法辩论	2－1 能运用一定的辩论方法证明自己或反驳他人	2－1－1 能运用举例的方法证明自己或反驳他人	2－1－1－1 能列举自己、他人的例子证明自己或反驳他人
			2－1－1－2 能列举文学作品、影视作品中的例子证明自己或反驳他人

37

（续表）

一级指标	二级指标	三级指标	四级指标
		2-1-2 能运用假设的方法证明自己或反驳他人	2-1-2-1 能运用一致假设证明自己或反驳他人
		2-1-3 能运用对比的方法证明自己或反驳他人	2-1-3-1 能运用对比物对比的方法证明自己或反驳他人
			2-1-3-2 学习运用反面对比的方法证明自己或反驳他人
		2-1-4 能运用引用的方法证明自己或反驳他人	2-1-4-1 能引用他人的语言证明自己或反驳他人
			2-1-4-2 能引用文学作品、影像作品中的语言证明自己或反驳他人
		2-1-5 能运用反问的方法反驳他人	2-1-5-1 能使用"怎么…呢? 为什么…呢? 难道…吗? 岂不是…吗?"等反问句来证明或反驳他人
3. 理解、尊重甚至悦纳不同观点	3-1 认真倾听他人发言	3-1-1 别人发言时,能保持安静,注意力集中	3-1-1-1 他人发言时,能保持安静,注意力集中,有凝视、侧目、点头等外部表现
		3-1-2 能感受不同语气、语调所表达的不同含义	3-1-2-1 能感受不同语气、语调所表达的不同含义
		3-1-3 能理解他人表达的言语意义	3-1-3-1 能听懂他人的观点和理由
	3-2 遵守辩论规则	3-2-1 他人发言时不随意插话、抢话,遵守轮流、举手发言的规则	3-2-1-1 他人发言时不随意插话、抢话,遵守轮流、举手发言的规则
		3-2-2 发言时言语文明、体态适宜,不蛮横	3-2-2-1 发言时言语文明、体态适宜,不蛮横
	3-3 学习悦纳他人的观点	3-3-1 能用言语、体态表达对他人观点的接受或认同	3-3-1-1 学习使用"我同意、你说得对、有道理"等语言表达对他人观点的接受或认同
			3-3-1-2 能用点头、鼓掌等肢体语言表达对他人观点的接受或认同

（二） 选择幼儿经验丰富的辩题

认知学习理论的先驱奥苏贝尔认为：新知识的获取与保持在很大程度上取决于学习者的原有认知结构。如果学习者能通过"同化"或"固定"（anchoring）作用把新知识合并到原有认知结构中，则新知识的获取将比较容易而且保持得更好。辩论活动中，幼儿常常会用单一重复的言语陈述自己的理由或反驳对方，有时还会面对某一陈述或反驳陷入集体"无语""沉默"的状态，这些表现都是原有经验缺乏、顺应或同化新经验乏力的具体体现。这也进一步说明，无论是"论"还是"辩"，幼儿对辩题的已有经验都是新经验得以顺应或同化的"固着点"，也就是说，缺乏已有经验，即缺乏新经验的"固着点"。此外，幼儿对辩题的已有经验的多少、水平的差异，也决定着幼儿可共享的言语信息的多少，决定着与他人"共话"的可能性的大小及言语质量水平的高低。毫无疑问，幼儿已有经验越丰富的辩题，"共话"的可能性越大；经验水平越高的辩题，所引发的幼儿的言语质量也越高。反之亦然。

（三） 选择内容来源广泛的辩题

来源广泛的辩题，对于扩大辩论言语内容的边界，拓宽幼儿的"话"路具有特殊的意义。首先，广泛的辩题内容为幼儿的言语运用提供了多种选择或多条通道，降低了幼儿进行"论""辩"的门槛，增加了言语运用的机会。其次，当幼儿关于辩论活动的经验逐渐丰富之后，为了保持并促进幼儿持续的辩论兴趣，需要及时扩大辩题的内容范围，从中选择内容丰富、难易相当的平行话题作为这一时期的主要辩题，引导幼儿在有兴致的重复练习中，梳理并熟悉辩论的言语经验，有意识地使用辩论策略。如：对图画书、动画片中角色喜好的评判，对主题活动引发的是非问题的探讨，对区域活动规则适宜性的论证等。另外，广泛的话题内容对于拓展幼儿的认知范围、多方面丰富认知具有不可替代的作用。日常生活、图画书、主题活动及多媒体影像作品中都蕴含着丰富的辩题素材。

（四） 选择适宜经验发展的辩题

无论是日常生活中随机发生的自发式辩论活动，还是有计划、有目的的自觉式辩论活动及自主式辩论活动，当所涉及的辩题承载着某一方面或某几个方面的幼儿辩论的核心经验时，才是促进幼儿辩论能力发展的适宜辩题。如自发式辩论活动中，辩题无需选择而自然产生，这种"非选择"而诞生的辩题由于高度契合了幼儿的自然需求而促使幼儿更主动地融入，成为幼儿辩论学习的开端。在此过程中，谁说服了谁并不重要，重要的是幼儿在这种轻松自由的氛围中愿意"论""辩"、感受思维的碰撞等。而在自觉式辩论活动中，随着幼儿辩论经验的日渐丰富及辩论的意识逐步提高，更需强调辩题的多样化功能，以从不同角度促进幼儿辩

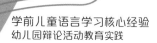

论水平的提高。如：选择具有社会意义或人文价值的适宜话题，增加幼儿对较少接触的辩题的言语经验；选择角色或观点鲜明的辩题，支持幼儿对角色的认同与观点的坚持；选择具有一定变化曲折因素的辩题，促进幼儿有效使用辩论策略、保持辩论言语的力量等。特别是对那些承载着容易被忽视、被遗漏的核心经验的辩题，更需要教师敏感的"辩论意识"才能及时地加以捕捉。值得注意的是，单纯地追随幼儿的兴趣或已有经验，仅以幼儿"感兴趣""有经验"或教师觉得"有意思"为主要目的而选择的辩题，往往会导致在相同辩论经验及相同发展水平上单一、无意义地重复。因此，根据辩论能力发展指标体系，选择与之相对应、均衡的辩题，才能真正地、全方位地提升幼儿的辩论能力。

三、心理外部兼顾，创设能激发辩论的环境

建构主义学习理论认为，学习者与周围环境的交互作用，对于学习内容的理解（即对知识意义的建构）起着关键性的作用。著名的教学设计专家梅瑞尔也认为，学习条件是完成教学目标的重要影响因子，不同的学习条件会得到不同的学习结果。因此，营造辩论氛围浓厚的环境，发挥环境对幼儿习得辩论言语经验、提高言语质量的潜移默化的支持作用不可或缺。

（一）营造积极思考的心理环境

对周围事物好奇、好问的年龄特点，正是萌发幼儿积极思考和表达的动力基础。教师要善于抓住日常生活中那些富有辩论价值的教育契机，敏感地捕捉到其中蕴含的价值点，针对幼儿的想法提出一些有争议的问题，引导幼儿积极思考和讨论，在此基础上鼓励幼儿或清楚地解释自己的观点，或对同伴的观点提出质疑展开辩驳，大胆表达自己的看法。对于幼儿在辩论中出现的分歧和矛盾，教师要善于归纳和引导，适时亮出自己的观点，给幼儿以示范，推动幼儿通过思考、交流和辩驳深化思路，寻求新的答案。

（二）创设有辩论情境的外部环境

建构主义学习理论认为：情境、协作、会话和意义建构是学习环境中的四大要素，学习应在与现实情境相类似的情境中发生。创设有辩论情境的环境，目的在于让幼儿面临真实的辩论任务，探索、解决在辩论过程中遇到的真实问题。如：自觉式辩论活动"动物法庭"中，教师就创设了模拟法庭的游戏情境——审判长席、原告律师席、被告律师席及相应的标志牌各1个，法槌1个。通过带领幼儿观察模拟法庭环境，了解审判长、原告律师和被告律师这几个角色在法庭上所承担的角色任务，一方面能够大大激起幼儿对"法庭游戏"的参与兴趣，另一方面让幼儿在接下来的辩论活动中，进一步明确自己要做些什么，为辩论游戏的

开展做好铺垫。再如,在语言区的环境创设中,教师在墙面铺设蓝、黄主色调的背景,并在其中呈现用图片或幼儿用前书写表征的精彩辩题、幼儿进行辩论的生动照片或经典言语,营造一种智慧、冷静、思考、交流的精神氛围,给幼儿以大胆表述、认真倾听、冷静思考、积极回应的暗示。区域中,可设置主持席、辩手席、评审席、听众席,投放教师、幼儿共同收集制作的辩题卡、小辩手胸牌号及时间提示牌等材料,使幼儿置身于富有"仪式感"的氛围中,激发他们进入角色、主动积极调动经验展开辩论。

四、依据核心经验,提供有针对性的方法

著名的教学设计专家梅里尔(Merrill)指出:"由于不同的教学目的有不同的知识构成、陈述方式以及学者指引,因而有各种各样的实践方式与不同的教学目的相对应。"

如本书前文所述,幼儿辩论能力的核心经验包括即解释、维护和完善自己的观点,运用恰当的方法辩论,理解、尊重甚至悦纳不同观点三种不同类型。经验类型的不同,使幼儿在获取这些不同经验的方法、途径上既有相同也存在差异。探索幼儿获得这些不同类型经验的有效策略成为提高幼儿辩论能力的关键所在。

(一) 解释并完善自己的观点的方法

解释、维护和完善自己的观点,发音准确、口齿清楚是基础,运用恰当的词汇和句式清楚地表述观点及理由是关键,分析、比较、判断、推理、评估等批判性思维能力则为解释、维护和完善自己观点的有效性提供内在保障。辩论活动的教学实践充分表明,幼儿阐述观点和理由的过程,是获得解释、维护和完善自己观点经验的最佳途径,教师帮助或引导幼儿清楚阐述观点和理由所运用的具体策略主要包括以下几种。

1. 释义法

先请幼儿对某一新词的理解作出解释,教师以此为基础,对幼儿所作的解释进行要点提取,并对幼儿的解释中缺失的词义进行补充和完善,形成在幼儿经验基础上的完整解释,帮助幼儿借助已有的经验获得对新词的理解。比如,在小班自发式辩论活动"冬天,在户外活动好不好"中,教师用释义法帮助幼儿深入理解"舒服"一词的含义。

> 教师:冬天,你为什么喜欢在教室里玩呢?
>
> 海容:教室里有阳光照进来,很舒服。
>
> 教师:海容用了"舒服"这个好听的词语,能说说"舒服"是什么意思吗?
>
> 海容:舒服就是暖和,身上暖暖的感觉,就是舒服。

教师：舒服就是身上感觉暖暖的,不冷也不热,刚刚好。

2. 重述法

在教师的教育教学中,经常会通过重复他人言语中的词汇或句子,让学生习得新词句或巩固对新词句的运用,这就是重述法。这种方法在辩论活动中也时常用到。

3. 递词法

当幼儿在辩论过程中因为词汇匮乏使表达受阻时,教师适时提供恰当的词句支持幼儿完成表达。在需要的语境下,及时递词可以使幼儿通过意会而达到对词义的理解。比如:幼儿在辩论中使用方言时,教师先用释义法帮助幼儿厘清方言所表达的含义,然后通过递词法呈现新词,实现方言与书面语的转换,使幼儿的表达更加规范。

教师：孩子们,你们觉得喝饮料好不好?

昱昱：喝饮料好,我觉得很凉 shei(淄博方言,凉爽的意思)。

教师：哦? 凉 shei 是什么意思?

昱昱：就是光脚丫子在地上跑来跑去的感觉。

教师：哦,光脚丫子在地上跑来跑去,好凉爽的感觉哦。

昱昱：嗯。

教师：除了凉爽,还有哪些词也能表达这种感觉呢?

瑾儿：可以说凉飕飕的。

萱萱：很清凉。

教师：是的,凉爽、凉飕飕、清凉,这三个词都可以表达这种感觉。

再如,当幼儿在辩论中使用复句表达较为复杂的语义时,教师及时提示幼儿连接分句的关联词,帮助幼儿使用关联词将语义表达完整。

牛牛：我画的是自己上楼好,自己上楼能看到靖崴。

教师：哦,为什么见到靖崴就觉得好呢?

牛牛：因为看到他心情好,很开心。

教师：那你把这种开心的心情也一起完整地讲出来,试一试。

牛牛：自己上楼碰到靖崴,心情很好很开心。

教师：所以……

牛牛：所以自己上楼很好。

4. 强化—示范法

"强化—示范"法也称"解析—示范"法,它是指对幼儿言语中具有示范意义的词句进行重复、剖析等肯定和褒奖，及时进行正面强化，并鼓励其他幼儿进行模仿使用。比如：在大班自觉式辩论活动"上幼儿园好还是在家好"中，教师对幼儿的观点和理由进行了深入剖析，对幼儿清楚、完整的表达进行了强化—示范。

　　幼儿：我感觉上幼儿园好，因为上幼儿园可以和老师、小朋友一起玩，很开心。

　　教师："我感觉上幼儿园好"这是他的观点，"因为上幼儿园可以和老师、小朋友一起玩，很开心"这是他的理由。他用"因为……所以……"这两个词，把观点和理由连在了一起，说得很完整，让我们听得很清楚、很明白，真棒！下一次你们说的时候，也要这样说完整，让大家都听明白你的意思。

再比如，在大班自觉式辩论活动"动物法庭"中，教师对幼儿正确使用假设复句阐述理由的表现进行了强化—示范。

　　幼儿：我认为狼应该吃兔子，因为如果狼不吃兔子，就会饿死，还会病死、老死。

　　教师：她用了"如果……就……"这样的词语，用"如果"说出了狼不吃兔子可能会出现的严重后果，让别人觉得很有道理。咱们都可以试着用这样的词语来说观点和理由。

5. 修补法

对幼儿在表达观点、理由时出现的词句不当、意义不明、关键信息遗漏等语言表达问题进行补充或修正，引导和帮助幼儿把话语修补完整，使表达更清楚、完整和准确。常用的修补方法有以下几种。

（1）**设疑修补**。针对幼儿言语中的词句不当或错误提出疑问，引发幼儿对不当或错误的深入思考，继而寻求正确的词句进行自我修正，提高词句运用的准确性。比如：在大班自觉式辩论活动"农夫该不该等兔子"中，教师通过质疑"农夫吃禾苗"这一说法，帮助幼儿修正不当的表述。

　　幼1：我认为农夫应该在树下等兔子，因为那样他就不用再去农田干活，就不用费大劲儿了呀。

　　幼2：对，我也认为农夫应该在树下等兔子，那样他就可以吃到兔子肉，不用吃自己种的禾苗了。

　　教师：农夫吃的是禾苗吗？

　　幼2：哦，不是吃禾苗，是吃禾苗将来长出来的种子。

（2）**选择修补**。针对幼儿言语中的词句不当或错误，教师提供语义准确、恰当的词语或句子,引导幼儿通过对比、甄别和判断,选择并使用准确、恰当的词句,使表达更贴切。

教师:"融化"和"化了",你觉得哪个词更合适? 是杯子里的水一直很热,还是保温杯里的水一直很热?

(3) **澄清修补**。当幼儿在表达比较复杂的语义时,由于对复杂语义的数量、层次以及逻辑关系难以理清,经常导致某一个或某几个语义信息的遗漏,或语义表达不清。帮助幼儿逐步理清所要表达的准确意图、多重语义之间的逻辑关系,是帮助幼儿获得言语逻辑意识、提高言语条理性的重要策略。比如,在中班自觉式辩论活动"自己上楼好不好"中,幼儿万万认为自己上楼好的理由是"能看到靖崴、靖博",这显然说得不够明白,教师通过逐步追问,引导万万澄清了语义。

万万:我画的是自己上楼好,自己上楼能看到靖崴、靖博。

教师:哦,万万觉得自己上楼好是因为能看到靖崴、靖博,为什么见到靖崴、靖博就觉得好呢?

万万:因为看到他们心情好,很开心。

教师:那你把这种开心的心情也一起完整地讲出来,试一试。

万万:自己上楼碰到靖崴、靖博心情很好很开心。

教师:所以?

万万:所以自己上楼很好。

教师:说得非常好,万万不光告诉我们觉得自己上楼好,并且他是有理由的,理由就是自己上楼能看到好朋友靖崴、靖博,从而觉得非常开心。把理由也一起说出来,让人能听明白。

6. 求证法

辩论过程中,当说话者表达结束之后,教师通过有意追问,如"他刚才是怎么说的?""他说的和你想的一样吗?""谁来解释一下他说的意思?"等,请幼儿对说话者的言语作出重述、比较、解释等回应,以求证幼儿是否听清了说话者言语中的某些词句、是否听懂了说话者表达的确切语义。这种求证对于培养幼儿有意倾听、辨析性倾听以及理解性倾听的能力和习惯意义深远。因为辩论是一种对话语言,仅仅要求说话的一方把话说清楚、说明白是不够的,听的一方更要认真听、听清楚、听明白,以尊重的态度达到愉快交流、有效交流的目的。比如,在中班自觉式辩论活动"自己上楼好不好"中,教师重复运用求证法,着力于幼儿有意倾听的意识及良好习惯的培养。

小宇:自己上楼不会走错教室的,因为上楼的地方有很多"微笑老师"可以帮我们。

教师：很有道理，谁的想法和小宇一样？

妍妍、奇妙举手。

教师：哦，妍妍、奇妙的想法是一样的，谁的不一样呢？

小昕：我不一样。自己上楼不会走错教室，因为有好朋友一起上楼，很快就到中三班了，我们知道要爬到三楼。

教师：哦，这也是个好办法，石头，小昕说的和你想的一样吗？

石头：我想的"自己上楼不会走错教室"跟小昕是一样的，但是我的办法不一样，我的办法是看看门上的数字就知道到几楼了。

教师：那你太厉害了，你认真听了所以知道哪儿跟她一样，哪儿跟她不一样。

7. 支架法

支架式教学是以维果斯基的最近发展区理论及"辅助学习"（assisted learning）为基础而提出来的，强调通过教师的帮助（支架）将学习的任务逐渐由教师转移给学生自己，最后撤去支架，使学生能够独立学习。受思维、记忆等年龄特点的局限，幼儿在辩论过程中完全依靠已有的言语经验进行辩论会有困难，特别是面对已有经验缺乏的辩题时，具体、形象的信息支持必不可少。因此，通过提供适宜的语言支架，或向幼儿提供言语内容的支持，或引导幼儿的辩论思路，以降低幼儿表达的难度，架起师幼、幼幼之间言语互动的桥梁。

（1）**核心词句支架**。教师对言语构成中的核心词句进行提取，通过口头示范或正面强化等方法，引导幼儿抓住核心进行模仿、重复等学习运用。比如，在中班自觉式辩论活动"自己上楼好不好"第二次活动中，教师借助幼儿在第一次活动中习得的因果复句的经验基础，首先抛出"因为……""所以……"这两个关联词支架，并及时用示范强化幼儿对关联词的正确使用，增进了幼儿对因果复句"先说原因，后说结果"或"先说结果，后说原因"的熟练运用，将理由说得更完整、有条理。

教师：孩子们，现在你们自己上楼已经三天了，一定又有了一些新的想法。今天的辩论，我们不光要说上楼好不好，还要说出为什么。上次辩论时小朋友用的"我觉得……因为……"，还有"所以……"，这些都很好哦，今天我们都来试一试。

小宇：自己上楼好，因为我会看地上的标记，我会靠右走。

甜甜：自己上楼好，因为自己上楼能看到很多"微笑老师"。

迪迪：自己上楼感觉自己长大了，可以给弟弟妹妹做个榜样，所以自己上楼很好。

教师：很好，你们说得越来越清楚了，还用上了"因为""所以"，这些词都用得很合适,非常完整,让别人听了不光知道你觉得上楼好还是不好,还知道为什么,理由很充分。

(2) **图片、符号、图示支架。**教师与幼儿一起搜集与辩题内容相关的图片或幼儿的绘画、图示及表征作品,活动前带领幼儿一起观察、讨论以丰富经验,或在活动中适时呈现这些图片、图示及作品,为幼儿的辩论提供直接或隐性支持。特别是当幼儿陷入一元思维的困境时,这些图片、图示、绘画及表征作品直观、形象的特点,会迅速引导、扩展及深化幼儿的思维,使辩论活动在纵、横两个方向上得以持续。比如,由幼儿自主入园活动而产生的中班自觉式辩论活动"自己上楼好不好"中,教师在幼儿有了第一天自己上楼的真实体验后,及时发放了一张亲子记录表,请家长帮助孩子用图画、符号或简单的文字记录下第一次独立入园最真实也最深刻的感受,为幼儿的表达提供了可靠的支持。

教师:孩子们,看,我手中的是你们的小任务表,昨天是你们第一次自己上楼,这张表上记录的就是第一天自己上楼你觉得好不好,谁想来分享一下自己的想法?

浩浩:我画的是自己上楼。

教师:哦,那你有没有画出自己上楼好还是不好呢?

浩浩:我画的是自己上楼好。

教师:哦,那你为什么觉得上楼好呢?

浩浩:因为长大了。

教师:那你能把刚才说的这些都连起来讲一讲吗?

浩浩:我画的是自己上楼好,自己上楼让我感觉我长大了。

教师:这样连起来就把你画的内容都完完整整地讲出来了,真棒!

再比如,在大班自主式辩论活动"秋天好还是春天好"进行之前,教师可以引导幼儿画一画自己喜欢的春天或者秋天,用前书写的方式对秋天、春天的季节特征进行表征,让幼儿为自己的观点提供语言支架。

8. 归纳法

归纳法又称概要法,它是指用简洁、准确的语言进行概括、提炼,引发幼儿对辩论语言中的核心词汇、语义及辩论方法等方面的敏感意识,发展他们的辩证思维。这种归纳既能运用在辩论过程中,也能运用在某一环节或活动结束时的小结中。比如,在大班自觉式辩论活动"晴天好还是雨天好"中,可以看到教师在辩论过程中对幼儿语义及辩论方法的及时归纳。

幼儿:我喜欢晴天,因为晴天可以让缺钙的人骨骼强硬。

教师:补钙。

......

幼儿：雨天不可以出去运动，晴天可以出去锻炼身体。

教师：拿晴天和雨天比一比，你用了一种辩论的方法，这种方法叫"对比"。

再如，在大班自主式辩论活动"秋天好还是春天好"的分享环节，教师通过归纳幼儿使用的辩论方法及效果，进一步巩固幼儿对不同辩论方法本质作用的理解。

教师：用反问的方法，会让对方重新思考自己的观点是否正确；用假设的方法，会让对方思考还没有发生的事情，你就可以借机想出更多的理由，让对方无话可说，从而相信你的观点。

9. 游戏法

将辩论活动与一定的游戏情境、游戏角色及游戏规则等有机融合，引导幼儿在轻松有趣的氛围中展开辩论，获得语言发展。与此同时，游戏元素的有机融入，使辩论活动拥有了"连接"更多领域活动的可能，幼儿也面临更为丰富的活动机会，如问题解决、情感投入等，从而在认知、思维及社会性等多方面得到同步发展。比如，在大班自觉式辩论活动"动物法庭"的开始，教师首先带领幼儿观察活动前布置的"小小法庭"环境，将幼儿带入"法庭游戏"的情境，迅速引发了幼儿玩"法庭游戏"的兴趣；紧接着，赋予幼儿"原告律师""被告律师"的游戏角色，采用宣布法庭纪律的方式，很自然地向幼儿传递了辩论活动的基本规则。

教师：看看这里是什么地方？审判长席、原告律师席、被告律师席在哪里？审判长、原告律师和被告律师在法庭上分别要做些什么？

幼儿：……

教师：审判长要坐在审判长席审理今天的案子，原告律师要坐在原告律师席为原告说话，被告律师要坐在被告律师席为被告说话。

教师：今天咱们就来玩一个"法庭游戏"，小律师在法庭上发言要注意遵守法庭的纪律，都有哪些纪律呢？

幼儿：……

教师：第一，发言的时候眼睛要看着对方，不发言的时候要安静地听；第二，别人说过的理由最好就不要重复了，要说得和别人不一样；第三，等别人说完再发言，不要随意打断别人的话。

再比如，在自主式辩论活动中，当幼儿都想当主持人时，可以用投票、轮流、"剪子包袱锤"等游戏方法决定主持人的人选；辩论结束后，通过本场辩论"最佳小辩手"的评选游戏，使当选的"最佳小辩手"除了获得勋章外，还自动成为下一次辩论游戏的主持人。这样的游戏规则既能督促幼儿文明辩论,又能保证幼儿参与辩论的积极性,提升他们参与辩论的成就感。

10. 评价法

对幼儿在言语、思维和辩论方法等方面表现出来的优势、潜能及问题等给予积极评价,赏识、激励幼儿的优良表现,给出问题改进的具体方法,在潜移默化中向幼儿传递和渗透分析、比较、判断、评估等批判性思维方式,增进他们遇事多问为什么,清楚有条理地思考,不盲从、不迷信等良好品质,在此基础上得到正确认识或共同意见,逐步增进赏识、悦纳他人的意识和行为。比如,在中班自觉式辩论活动"自己上楼好不好"中,可以看到教师对幼儿正确使用因果复句完整、连贯表达的赞赏和肯定。

> 宥宥:自己上楼好,自己上楼爸爸妈妈就不会累,可以早点去上班。
>
> 教师:这个小辩手很厉害,既有观点又有理由,还能把观点、理由完整地连在一起说出来!
>
> 妞妞:我也觉得自己上楼好,因为如果自己上楼,奶奶就可以早点儿回家吃饭,不用等很长时间坐公交车,所以还是自己上楼好。
>
> 教师:你们听到了吗?妞妞用到了"因为……所以……",用这些词连接后面的理由,说得好清楚。

再比如,在大班自主式辩论活动"男生该不该谦让女生"中,还可以看到幼儿作为活动的主持人,通过积极运用评估、归纳等批判性思维,对同伴在言语、思维上的突出表现及时捕捉和评价,推动活动向前发展。

> 博博:我觉得男生应该让着女生,因为我奶奶说了,女士优先。
>
> 心仪:博博说了一个和别人不一样的理由。
>
> 早早:我反驳博博的说法,女士优先是要分场合的,为什么总是要我们男生让着女生呢?第一,玩区域活动的时候我们让着女生;第二,起床换鞋的时候也让着女生;第三,踢足球的时候还要让着女生。那对我们男生也太不公平了吧?
>
> 心仪:早早说了三个理由,我觉得很有道理。

(二) 使用辩论方法的策略

清楚地解释、维护并完善自己的观点的系列策略重在帮助幼儿获得进行辩论的言语材料,从而将自己的观点说清楚、说明白;增进幼儿对辩论方法的学习使用,则以增强、提高幼儿辩论语言的说服力为中心,在词句的恰当选择、语气的适宜调节、思维的灵活转换、情感的适度表达等多方面寻求有效的途径、步骤及手段,达到有意识地辩论、有效辩论的目的。根据"最近发展区"理论,可引导幼儿学习使用的辩论方法主要有以下几种。

1. 陈述法

陈述法是指引导、鼓励幼儿有条理地阐述原因或描述事实,致力于自我观点的解释或说明。这是幼儿辩论中最常用、最基本的辩论方法。很多时候,幼儿能使用陈述的方法反驳他人的不同观点。如,下文中的两名幼儿分别使用因果复句,有条理地表达自己喜欢或不喜欢雨天的理由。

幼1:我喜欢雨天,因为雨天人们打起了很多五颜六色的伞,就可以变成一条彩色的道路。

幼2:我觉得雨天不好,因为雨天到处都是水,车子一开,就会把旁边走路的人弄得全身是泥水。

2. 举例法

举例法是指列举具有代表性的事例证明自我观点的正确与合理性,用通俗易懂的具体事实增强语言的说服力,令对方无可置疑。举例时,可引导幼儿运用"×× 说""比如""某年某月"等标志性词语作为开头,所举例子可以是幼儿本人的切身经历,也可以是幼儿周围成人的言行事实,或是来自于图画书、网络、媒体等与辩题相关的信息或科学常识等。比如,在中班自发式辩论活动"吃零食好不好"中,幼儿通过列举自己、同伴亲历的生活事实,对"吃零食会拉肚子"的观点给予了有力回击。

大丞:我觉得吃零食不好,因为吃完零食就饱了,不想吃饭了,不吃饭的话就长不高,还会拉肚子。

晴晴:是不是雪糕呀?凉凉的雪糕吃了会拉肚子。

小硕:可是我吃过一个巧克力的雪糕,太美味了,我没拉肚子啊,所以我觉得吃零食好。

杉杉:我觉得吃零食好,因为我喜欢吃美味的雪糕,凉凉的很好吃。

大丞:我觉得吃零食不好,因为会拉肚子。

杉杉:可是小硕说他吃了没拉肚子,我吃过也没拉。

再比如,在大班自觉式辩论"上小学好还是上幼儿园好"中,幼儿列举了在视频资料中看到的小学生活动场景,来反驳同伴的言语中对客观事实的错误否定。

馨蕊:我觉得上幼儿园好,上幼儿园可以玩器械,上小学不可以。

博博:我反驳馨蕊,刚才我们看过的视频里,上小学可以在操场上运动,可以打篮球、踢足球,还可以跳木马,有很多器械呢。

教师：博博是怎样举例子的？

天天：他是从我们看过的视频中举的例子。

教师：博博很了不起哦，能从我们看过的视频和图片中来举例子反驳别人，举例子的方法让自己的理由听起来更有说服力，说得太棒了！

3. 对比法

对比法是把对立的语义或事物、或把同一事物的两个方面放在一起作比较，在比较中分清好坏、辨别是非，使好的显得更好，使坏的显得更坏，给人极鲜明的印象和极强烈的感受。引导幼儿学习使用对比法，重点在于引导幼儿通过比较，对好与坏、善与恶、美与丑的矛盾对立作出判断并加以表达，增强"肯定自我"或"否定对方"的感染力。如：在中班自发式辩论活动"用勺子好还是用筷子好"中，幼儿通过比较用勺子的优势和用筷子的劣势，突出了"用勺子可以很方便地舀起饭菜、舀汤"的优势，而用筷子却没有这一优势的事实，给同伴留下了深刻而鲜明的印象。

核桃：我觉得还是用勺子好，因为用勺子很方便，用勺子一下就挖（舀）起来了，用筷子一直夹，也夹不起来。

琪琪：我觉得勺子好，勺子可以舀汤喝；用筷子夹，只能夹一粒两粒的。

教师：他们两个都用到了一种新的辩论方法，叫作对比。就是说清楚勺子的好处和筷子的不好之处，听起来特别有道理。

4. 引用法

引用法是指在辩论中引用成语、名言名句等文学语言印证自己的观点，表达自己的思想感情。引导幼儿运用引用法，要着重帮助幼儿感受所引用的词句言简意赅、有助于说理抒情、又可增加言语的文采的特点，体会文学语言含蓄典雅、兼具说服力与感染力的语言魅力。比如在大班自主式辩论活动"秋天好还是春天好"中，幼儿引用宋朝词人李清照的词句，用秋天的不好反证春天的好，让自己的观点有凭有据。

玥玥：我觉得春天好，因为春天可以去野餐。

诺诺：秋天可以和爸爸妈妈去看红叶，我觉得秋天好。

小冉：我也觉得秋天好，因为秋天黄叶满地，我们走进森林里拍一些好看的照片，可以保留起来，多好啊，所以我还是觉得秋天好。

瀚文：谁说的秋天好啊，李清照写的"梧桐更兼细雨，到黄昏，点点滴滴"多凄凉啊！明明就是一点也不美好啊！

再比如，源自图画书《白羊村的美容院》的大班自主式辩论活动"白羊染发好不好"中，幼儿引用图画书中"戴蝴蝶结、戴王冠、穿裙子""五彩缤纷,像彩虹一样""染发师最后走了"等原文原句,将其与自己的看法编织在一起进行阐述,有力支持了自己"染发好"或"染发不好"的观点。

> 加淇:我认为白羊染发好。染发最时髦了,染发后可以戴蝴蝶结、戴王冠、穿裙子,参加舞会。
>
> 振荣:我觉得羊该染发,因为染了发五彩缤纷,像彩虹一样。
>
> 壮壮:我认为白羊染发不好,因为染发师最后走了,染了也是白染。

5. 反驳法

反驳法是指说出自己的理由,以否定他人与自己不同的观点或理由。引导幼儿使用反驳法进行反驳,主要包括使用否定词反驳、使用转折词反驳及使用反问句反驳三种方式。

(1) **使用否定词反驳。** 指使用"不""没有"等否定词句对他人的不同意见加以否定的反驳方法。这是最基本的反驳方法,也是幼儿在日常生活中首先习得的反驳经验。比如,在小班自发式辩论活动"瓢虫是不是害虫"中,当大壮发现熙熙与自己的观点不一致时,立刻使用否定词"不对""不是"进行了反驳。

> 教师:熙熙,你先来说。
>
> 熙熙:(手指书上的瓢虫)它是害虫!
>
> 教师:从哪里知道它是害虫呢?
>
> 熙熙:你看,它这里有角。
>
> 教师:熙熙觉得因为头上有角,所以是害虫。
>
> 大壮:不对! 不是害虫!

(2) **使用转折词反驳。** 指引导幼儿针对他人的不同观点或理由,使用"可是""不过""却"等转折词提出相对立的看法,对其观点或理由加以限制或修正,改变其语义方向,达到否定的目的。准确表达对不同观点或理由进行限制或修正后的状态,是教师引导幼儿使用转折词进行反驳的重点所在。比如,在小班自发式辩论活动"狮子还是豹子""冬天,在户外活动好不好"中,可以看到幼儿使用转折词进行反驳的表现。

> 尧尧:我觉得那是狮子。
>
> 浚哲:是一头母狮子。
>
> 依依:可是,狮子脸上怎么没有鬃毛呢?
>
> 圣喆:有的狮子脸上就是没有鬃毛。
>
> 安然:母狮子就没有鬃毛。

教师：狮子爸爸的脸上、脖子上都长着长长的鬃毛，而狮子妈妈没有长长的鬃毛。

……

可馨：出去玩能让我们变暖和。

壮壮：多锻炼，不生病。

米粒：但是，有时候外面有雾霾，对身体不好。

教师：是呀，雾霾天确实不适合户外活动。

昊鑫：可是妈妈说晒太阳能长高。

（3）**使用反问句反驳**。指使用反问句对他人的不同意见进行反驳的方法。常以"怎么""难道""哪里""凭什么"等反问词为标志词，并以反问语气结尾。引导幼儿使用反问句进行反驳，重在帮助幼儿感受发问者言语的气势，理解这种语气比一般言语的语气更加强烈，以及更能引起听者思考、激发听者的感情、加深听者的印象的表达效果。从以下幼儿使用的反问句中，可以明显地感受到幼儿反问的语气所带来的强烈的感情色彩及感染力。

诺诺：秋天我们有好多新鲜的果子可以吃，春天就没有。

瀚文：难道春天我们不会买一些果子吃吗？

教师：春天也可以吃到新鲜的果子，不是吗？

……

幼1：晴天可以出去逛街，雨天不能出去。

幼2：谁说雨天不能出去的？雨天时不会打着伞去逛街吗？

在大班自觉式辩论活动"动物法庭"的自由辩论环节，幼儿针对"狼会把兔子吃光吗？"这一关键问题，运用否定词、反问句进行了激烈的相互反驳。教师也适时地使用反问句"真的会这样吗？""可以吗？"进行"煽风点火"，有意挑起幼儿的争论，让辩论的势头高涨起来。

教师：接下来进行自由辩论，辩论一下关键问题——狼会把兔子吃光吗？在这一轮辩论中，如果你发现谁的观点和理由有问题，就可以马上站起来说出理由反对他、说服他。如果你感觉他说得有道理，你就可以支持他。

安然：如果狼吃兔子的话，兔子就会越来越少，兔子就会很痛苦。

煊煊：我不同意你说的，因为狼不吃兔子的话，兔子就会把草都吃光，草原就成沙漠了，不吃兔子的话，狼也会饿死啊。

核桃：我不同意，如果狼吃兔子的话，兔子就会越来越少，其他的食草动物也会越来越少，整个地球上就只剩下狼了。

教师：核桃想到了可能会出现的严重后果。真的会这样吗？

喆喆：如果不让狼吃一点肉，狼就会饿死、病死，就不能生存了。

教师：有道理，看来完全不让狼吃肉后果也很严重。他们两个都用上了"如果……就……"这样的词语，说出了狼吃光兔子和狼不吃兔子的严重后果，听起来都非常有道理！

悠悠：可是，狼把世界上的食草动物都吃光了，狼不就再也吃不到肉了吗？

教师：悠悠用一个问题来反对对方，这就是反问，这样的反驳方法会特别有力量，狼没有肉吃可不行。

晴晴：狼还可以吃人！

教师：狼吃人？可以吗？

静怡：不行！狼怎么会跑到城市里？

右右：一般都是人把狼关进笼子里，他怎么吃人呢？

教师：刚才他们两个都用到了反问的方法来反对别人，是啊，可能会出现这种情况吗？这种语气一下子就能让对方无话可说了。

从上述整个过程可以看出，幼儿不仅要认真听清同伴的观点和理由，同时还要调动分析、比较、判断、评估等批判性思维积极参与，对同伴的观点，特别是论据作出言语上的反馈。这样，倾听的经验、思维的经验、言语逻辑的经验则能同步发展。

6. 抓漏洞法

抓漏洞法是指抓住对方言语中的弱点或缺陷进行反驳，如认知错误、缺乏依据、逻辑不当等，使其观点或理由无法成立，在不能自圆其说的情况下不得不认输。如，在大班自发式辩论活动"小鱼要不要和妈妈分开"中，圣轩抓住家奥言语中缺乏事实依据这一缺陷，成功地进行了反击。

圣轩：不把小鱼捞出来，万一大鱼把小鱼都吃了那该怎么办？

家奥：（摊开双手，嘴角上扬）妈妈怎么可能吃自己的孩子？这也太可笑了吧！

圣轩：大鱼也不一定就是小鱼的妈妈呀！

在中班自发式辩论活动"吃零食好不好"中，晴晴和小硕两人一直抓着对方话里的漏洞互相反驳，坚持并不断完善自己的观点。

晴晴：吃零食不好，上面有小虫子。

小硕：哪有小虫子？我怎么没看见。

晴晴：零食很甜，虫子最喜欢甜的东西。

小硕：刷刷牙不就行了。

晴晴：幼儿园又不能刷牙。

小硕：可以漱口啊！

晴晴：反正我妈妈说，吃零食会长虫牙，吃零食就是不好。

小硕：少吃点呗！

晴晴：如果太想吃，不小心吃多了怎么办？

小硕：那……在零食上贴个纸条，写上"少吃点"。

晴晴：如果爸爸妈妈不在家，不认字怎么办？

小硕：你画个画不就行了。

7. 假设法

假设法是指引导幼儿运用假设复句，先假定存在或出现了某种情况，然后用这种假设的情况所产生的结果为依据，肯定自己或否定对方的观点、看法。幼儿运用假设法的言语标志词主要有"如果……就……""要是……就……""假如……那么……"等关联词组。比如，在大班自主式辩论活动"睡午觉好不好"中，楚楚用一致假设复句提出了改变自己观点的条件。

楚楚：睡午觉就不能玩了，所以我觉得睡午觉不好。

琛琛：睡午觉才能跑得更远。

九儿：不睡午觉下午就很乏，就没有精神了。

教师：大家都觉得睡午觉好，楚楚同意他们的观点吗？

楚楚：那我得提个建议，十天以后你和我爸爸来一次跑步比赛，如果你赢了，我就同意睡午觉。

在中班自发式辩论活动"吃零食好不好"中，晴晴还使用让步假设复句，成功地反驳了小硕"吃零食会开心"的观点。

小硕：我觉得吃零食好，因为小朋友伤心的时候，给他一点零食吃，他的心情就会好起来，还会和我玩。

晴晴：如果小朋友非常伤心的话，给他零食吃也不开心。

第五章

学前儿童自发式辩论教育实践

第五章　学前儿童自发式辩论教育实践

自发式辩论活动是指幼儿在幼儿园一日生活或家庭生活中与同伴、成人之间,自发地对持不同看法的某一话题所进行的随机性口语交流的活动。由于这类活动是没有计划和组织、随机生成的,经常是为一个小问题、生活的小细节而争论的活动。所以,这种自发的辩论又称为微型辩论。自发式辩论活动在幼儿的一日生活中经常发生,特别是在生活活动、区域活动等自由活动中发生的频率较高。

本章收录了 12 个自发式辩论的实践活动,其中有 4 个小班的活动,4 个中班的活动,4 个大班的活动。(具体见表 5-1)由于自发式辩论的辩题都是生成性、非组织、非预设的,所以可以看出:随着年龄的增长,社会经验的丰富,幼儿自发的辩题从生活领域逐渐拓展到社会交往、周边的生物和事物上。这说明:幼儿们的视野越来越开阔,幼儿们的思维越来越深刻。而且在辩论的过程中,幼儿们思维的交流也越来越显著。

由于幼儿此时辩论的经验不是很足,因此,此类活动还是需要教师适时地进行支持和协助,具体而言,教师要起到穿针引线的作用。

表 5-1　自发式辩论活动汇总表

序号	活动名称	生成的领域	年龄段
1	喝饮料好不好	生活、健康和科学	小班
2	冬天,在户外活动好不好	生活、运动和科学	
3	你喜欢上幼儿园还是喜欢在家	生活、社会	
4	瓢虫是不是害虫	科学	
5	吃饭抢第一好不好	生活、社会	中班
6	吃零食好不好	生活、社会	
7	做大人好,还是做小孩好	社会	
8	喜欢太阳,还是月亮	科学	
9	老建筑要拆除吗	科学和社会	大班
10	小鱼要不要和妈妈分开	科学和社会	
11	动物表演好不好	科学和社会	
12	辩论是不是吵架	社会	

小班

喝饮料好不好

　　午睡起床后,孩子们陆续换鞋子、洗手、喝水。我正给女孩子梳着头发,彤彤端着水杯过来告状:"老师,泽泽不喝水,他把水倒了。"没等我开口,沫沫说:"泽泽,你为什么要倒水?"泽泽说:"我不喜欢喝水,我喜欢喝饮料。""我也喜欢喝饮料,饮料很甜。""我也喜欢。""我才不喜欢,妈妈说喝饮料不好。""喝饮料好,里面有很多水果。""喝饮料不好。"……

　　孩子们争着抢着说出自己的想法,听到他们争论的声音越来越大,情绪越来越激动,我走了过去。

解析:由于小班幼儿的社会性发展尚未达到关注社会规则这个层面,所以,泽泽倒水的行为并没有引起小伙伴对该行为是否合适的讨论。而幼儿却对"喝什么"这一问题十分感兴趣,继而生成了"喝饮料好不好"这一辩题。小班幼儿大多以自我为中心、以自我需求为出发点,表现欲望较强但自控力较差,遇到感兴趣的话题后,他们急于表达自己的观点,极易出现表达无序、嘈杂的"抢话"场面。

　　故促进幼儿轮流发言、了解不插话等辩论规则和清晰地表达自己的观点等辩论核心经验发展是此次活动应有的目标。

　　教师:这么多小朋友一起说,你们听起来感觉怎么样?

　　旭旭:听不清楚。

　　萱萱:感觉不舒服。

　　宇宇:太吵了,说的什么也听不见。

　　教师:那有什么好办法能让别人听清楚呢?

　　甜甜:要一个一个地说。

　　茹茹:轮到你说的时候再说。

佳佳：说之前要举手。

泽泽：说话声音大，别人才能听清楚。

菲菲：也不能太大，要不然太吵了。

教师：说得太好了！一个一个地说、轮流说、说之前举手、说的声音不大也不小，这样说大家都能听清楚。谁先来说呢？

解析：在这里，教师将问题巧妙抛给幼儿，首先请幼儿回忆并说说在一片争吵、嘈杂的说话声中的感受，在真实的情境中体验、感受说话无序带来的各种不适，激发幼儿的有序、安静地说和听的内在需求，鼓励幼儿主动思考，运用已有经验想办法解决问题。在不断地讨论中，让幼儿自然习得一个一个地说、不插话，自然获得具体、操作性强的辩论规则和方法。

我的话音刚落，昱昱第一个举起了小手。

教师：昱昱知道说之前要先举手，我们先请他来说吧。

昱昱：喝饮料好，我觉得很凉 shei（方言）。

教师：哦？凉 shei 是什么意思？

昱昱：就是光脚丫子在地上跑来跑去的感觉。

教师：哦，光脚丫子在地上跑来跑去，好凉爽的感觉哦。

昱昱：嗯。

教师：除了凉爽，还有哪些词也能表达这种感觉呢？

瑾儿：可以说凉飕飕的。

萱萱：很清凉。

教师：是的，凉爽、凉飕飕、清凉，这三个词都可以表达这种感觉。谁还有不一样的想法？

解析：为了丰富幼儿的词汇，使要表达的意思更加清晰，当幼儿在回答中出现"凉 shei"这种方言时，教师敏锐捕捉这一契机，先"明知故问"引导该幼儿尝试作出解释，再及时为幼儿"递词"，并请同伴一起思考可以用哪些词语代替，帮助幼儿在自然的情境中理解新词的意义。通过"递词"的方法，既丰富了幼儿的词汇，又帮助幼儿实现了方言与书面语的转换，使幼儿的表达更加清楚、规范。

泽泽：有一次，嗯……我就是觉得，妈妈带我去超市给我买饮料，嗯（停顿）……很好喝，我很开心。

教师：泽泽说话前先举手，真棒！你觉得喝饮料好，因为喝饮料让你感觉很开心，对吗？

泽泽：对，就是这样。

教师：那你能像我说的这样，再说一遍吗？

泽泽：我觉得喝饮料好，因为喝饮料让我感觉很开心。

教师：这一次你用一句话就把意思说明白了，真棒！谁还想说一说自己的想法？

解析：针对幼儿出现的语言啰唆、不简洁的问题，教师利用"示证新知"的方法策略，及时帮助他梳理表达的思路，使用简洁的语言帮助幼儿小结并示范，通过"求证"的方法引导幼儿重复一遍教师的话，帮助幼儿进行巩固，提高语言表达的质量。

西西：喝饮料好，哥哥说里面有维生素。

洋洋：喝饮料不好，喝多了会上火的。（图5-1）

图5-1 喝饮料好不好

月月：我觉得喝饮料好，因为饮料酸酸甜甜的很有滋味。

教师：刚才大家都大胆说出了自己的想法，有的小朋友觉得喝饮料很凉爽、很甜、很有滋味，有的小朋友觉得喝饮料会长蛀牙、喝多了会肚子疼。你们说得都很有道理，饮料可以喝但要少喝，其实最健康的饮料就是白开水。

教师：咦，你们发现了吗？刚才讨论的时候，你们都是一个一个地说，感觉怎么样呀？

甜甜：听得很清楚。

茹茹：不吵闹了。

佳佳：很安静，很舒服。

教师：是呀，一个一个地说、举手说，听上去很有秩序，这样我们听得清楚又明白。以后我们再讨论的时候，别忘了要用上这些方法哦。

解析：此时请幼儿说说自己的感受，与对话一开始幼儿的感受形成鲜明的对比。幼儿在直观体验中感受到有序发言、安静倾听等遵守辩论规则的行为带来的良好效果，引领更多幼儿在今后的活动中积极尝试使用。

（山东省淄博市实验幼儿园 韩雪芹）

小班

冬天，在户外活动好不好

活动背景

今天户外温度适宜,空气质量优,非常适合带孩子们进行户外活动。当我把这个消息告诉他们时,很多孩子兴奋地说:"太好了,太好了!"可是子墨、米粒等几个孩子则在旁边抱着胳膊说:"外面好冷啊,我不想出去!"培培听后立刻反驳道:"我想出去玩,可以玩海盗船、滑梯了!"果果接着说:"还能玩我最喜欢的足球呢!"乐乐也说:"还可以玩冰激凌滑梯呢!"登登补充道:"还可以玩南瓜滑梯、秋千和跷跷板呢!"(图5-2)

图5-2 冬天,在户外活动好不好

解析:冬天天气较冷,有的幼儿因为怕冷而不愿去户外活动,有的幼儿则不管天气如何都不会影响他们想出去玩的心情。通过幼儿对自己不同感受的表达,可以了解冬季户外活动的好处,激发幼儿冬季参与户外活动的兴趣。幼儿喜欢外出活动的理由比较单一,容易受同伴的影响,只能从单一的角度来阐述自己的观点,思维广度受到限制。发现问题后,教师便及时加入他们的讨论,旨在引导幼儿能结合自己的生活经验,从不同角度、多个方面来解释自己的观点。

活动实录

教师:刚才,我听到有的小朋友说觉得在外面很冷,不想出去。有的小朋友觉得出去可以玩自己喜欢的玩具,谁还能说说不一样的想法?

子墨:滑梯上很凉,我怕冷。

彤彤:我喜欢出去玩跷跷板。

米粒:外面风太大了,很冷。

萧川:我喜欢玩大滚筒。

思煜:我要玩小火车。

解析:当幼儿的思维陷入一元思维时,往往产生无效重复,他们一直在围绕户外的"玩具"来讨论。教师便想到要运用"思路拓展法",鼓励幼儿开拓思维,多角度看待问题。通过"说出不一样的想法"帮助幼儿慢慢打开思路,逐渐说出与别人不一样的理由,丰富幼儿"从不同角度、多个方面来解释自己的观点"的经验,激发幼儿的求异思维。

教师:噢,你们都喜欢在外面玩自己喜欢的玩具,那你们觉得,冬天在外面玩,对我们的身体有什么好处或坏处呢?

可馨:出去玩能让我们变暖和。

壮壮:多锻炼,不生病。

米粒:但是,有时候外面有雾霾,对身体不好。

教师:是呀,雾霾天确实不适合户外活动。

吴鑫:可是妈妈说晒太阳能长高。

教师:你还想到了妈妈说过的话,冬天多晒太阳确实能让我们长高。子墨,你同意他的说法吗?

子墨:我还是觉得外面很冷,冻得我都不想伸出手来了。

彤彤:奶奶说,我在外面跑一跑就不冷了。

解析:为了推动小班幼儿的直觉行动思维向具体形象思维发展,教师的提问需要更加形象具体,通过提问"冬天在外面玩对我们的身体有什么好处或坏处",可以为幼儿开拓一条新的思维路线,培养他们的发散思维和独立思考的能力。讨论中,小班幼儿也会运用引用法,说出权威、不容置疑的观点,虽然说者无意,但教师要敏感地抓住幼儿的求异思维,及时强化,就会促进其从无意向有意逐步转化。

乐乐:出来玩的时候,老师说搓搓手,手就变热了。冬天,在外面玩还可以看小树的变化,多好啊。

教师:乐乐说的和你们说的不一样哦!他还发现了冬天户外活动时有趣的事情呢,你们发现了吗?

彤彤:我发现外面的水结冰了呢!

米粒:我还发现小草上有很多白白的霜!

教师:是的,冬天我们在外面不仅可以玩自己喜欢的玩具,也可以晒太阳、锻炼身体,让身体变得更强壮、更暖和,还可以观察冬天有趣的事情,真是太棒了!子墨、米粒你们觉得呢?

他们高兴地点点头,说:王老师,快走吧。

解析:当幼儿思维转向新的角度时,如乐乐想到"可以看小树的变化"等有趣的事情时,教师及时捕捉进行提升强化,用具有吸引力的语言加以渲染,可以促进其他幼儿对同一问题的不同角度、多个方面的思考和阐述。

(山东省淄博市实验幼儿园　王婷)

小班

你喜欢上幼儿园还是喜欢在家

11月的一个下午,小班的一群孩子在户外运动后,回到教室准备离园。孩子们一边准备,一边聊着天。睿睿说:"我不想回家,我还想在外面的滑梯上玩一会儿。"晓敏说:"我想回家,我觉得家里好。"睿睿说:"家里有什么好玩的,没有滑梯,我喜欢幼儿园。""我也喜欢幼儿园,幼儿园里有很多小朋友。"悦悦说。子言则反对:"家里好,想干什么就干什么。"……好几个孩子都七嘴八舌地表达着自己的想法。

解析:到了11月,小班的幼儿基本上已经适应了幼儿园的生活。开始从慢慢接受幼儿园的生活,到逐渐发现幼儿园有很多有趣的事物。因此,教师认为这是一个非常好的机会,让幼儿们能表达自己的想法,交流不同的感受和想法。一是有利于教师理解幼儿们的真实想法;二是有利于发展幼儿"从不同角度的多个方面来解释自己的观点"的辩论核心经验。

教师:刚才老师听到有小朋友说喜欢在幼儿园,有小朋友说喜欢在家。谁能说清楚自己为什么喜欢在幼儿园,或者为什么喜欢在家吗?

幼儿:我喜欢上幼儿园。可以一起玩滑梯,玩滑梯很开心。

教师:除了玩滑梯很开心,我们在幼儿园还做过什么开心的事?

幼儿:我们还一起做操,很开心。

幼儿:我们一起学小乌龟爬、钻洞洞,很开心。

教师:原来幼儿园的操场上能做游戏、能玩滑梯、能做操,运动真开心!除了玩得很开心,还有别的理由吗?

解析:从上述回答可以看出,幼儿的回答看似是不一样的理由,但其实都是从一个角度出发的,即在操场上有好玩的,他们并没有打开自己的思维,并没有从不同角度思考问题。教师则采用归纳法和引导法,引导幼儿从不同角度发散性地思考这个辩题。

幼儿：幼儿园里有很多朋友。

教师：幼儿园里有很多小朋友跟我们一起玩。那在家里我们是跟谁玩的？

幼儿：我喜欢上幼儿园,幼儿园里有很多朋友一起玩,在家里只能一个人玩,没有在幼儿园开心。

教师：他不但说到了在幼儿园能怎么玩,还说到了在家里是怎么玩的。比较下来他更喜欢幼儿园。

幼儿：我喜欢在家里,在家里一个人也可以玩的。

教师：在家里一个人玩什么？

幼儿：玩平板电脑,幼儿园里没有的。

解析：每个幼儿的语言和思维水平是不一样的,特别是小班的幼儿。有些幼儿思维水平较高,能完整地表达很长的句子;有些思维水平较低,只能说很短的句子。因此,教师要及时地捕捉到幼儿的差异,有针对性地回应,即对不同的幼儿采用不同的回应。前面一个幼儿出现了"对比"的思维,教师赶紧予以强调;后面一个幼儿语言不完整,教师则采用"递词法"的策略,能让他表述清晰具体喜欢的是什么。

幼儿：我喜欢上幼儿园,幼儿园里朋友很多的,大家都带玩具来,可以和朋友一起玩玩具。

幼儿：我喜欢在家里,在家里都是自己的玩具随便玩。在幼儿园里有时候要轮流玩,有的小朋友不愿意跟我分享他的玩具。

教师：在幼儿园可以跟同伴分享玩具,还可以跟朋友一起玩玩具,很开心。在家里是自己一个人玩玩具,虽然有点孤单但是可以很自由地玩玩具,这也很开心。两种开心不一样,看你更喜欢哪一种。

幼儿：我喜欢在家里,家里有幼儿园里没有的玩具——大机枪。

教师：幼儿园里有适合在幼儿园玩的玩具,家里有适合在家玩的一些较大的玩具。

幼儿：我喜欢上幼儿园,在幼儿园可以喂小动物吃饼干(个别化学习的内容),家里没有。

教师：幼儿园里有个别化学习,我们可以边玩边学本领。我们在幼儿园里还学其他本领吗？

幼儿：学的,画画,唱歌。

教师：那在家里学本领吗？

幼儿：在家里也学本领的，跟妈妈一起看书。

教师：在幼儿园里可以跟老师、小朋友们一起学本领，在家里可以跟爸爸妈妈一起学本领。

幼儿：我喜欢在家里，家里的饭好吃，幼儿园的菜不好吃。（此幼儿较为挑食）

教师：你们觉得呢？

幼儿：幼儿园的饭好吃的，每人好几个小碗，有汤，还有水果。

幼儿：幼儿园里每人吃一块水果。家里可以吃很多的。

教师：幼儿园里的是集体生活，一人一份，吃多了别人就没有了。在家里大人可能把好吃的都留给小朋友吃，自己却没有吃，所以我们小朋友在吃东西时也要关心家里的其他人吃了没有。

幼儿：我喜欢在家里，在家里可以陪妈妈。

教师：妈妈天天都是在家的吗？

幼儿：不是的，妈妈也要去上班的。

教师：爸爸妈妈去上班了，小朋友上幼儿园，幼儿园里有谁陪你们呢？

幼儿：幼儿园里有老师和大妈妈（保育员）。

教师：在家里有父母、亲人的陪伴，在幼儿园里有老师、大妈妈的陪伴，都让我们觉得很开心。

教师：刚才我们聊了喜欢上幼儿园还是喜欢在家，其实幼儿园和家都有各自好玩的地方，周一到周五上学的时间小朋友们就开开心心上幼儿园，周六、周日就在家好好玩。

解析：在思维打开后，小班的幼儿能从不同角度进行阐述，教师则可以采用"重复法"。当幼儿阐述了不同于别人的观点时，教师应适时地采用"总结法"，以在小班幼儿的心里埋下一个"比较""归纳"或"总结"的种子，为他们的高阶思维奠定基础。

（上海市长宁区紫云路第一幼儿园 雍静娴）

67

小班

瓢虫是不是害虫

午餐后,孩子们像往常一样陆续开始餐后的区域游戏。有的在搭建,有的在表演,有的在看书……阅读区里两个孩子的争论引起了我的注意,他们争论的焦点是图片上的那只瓢虫是不是害虫?我便及时抓住这一话题,带领他们展开了讨论。

解析:本次讨论源于幼儿的科学认知冲突。较全面地认知瓢虫一般要在大班才会进行,因此在小班进行关于瓢虫的科学认知活动,往往要从幼儿感兴趣的点切入。教师及时捕捉幼儿对瓢虫的兴趣点,与幼儿展开讨论,为幼儿提供辩论的契机,引导更多的幼儿参与到话题讨论中,发表自己的观点,提高口语表达能力。

教师:孩子们,刚才熙熙和壮壮因为瓢虫的事情争论起来,都说自己说的才是对的。咱们一起来听听他们是怎么说的。熙熙,你先来说。

熙熙:(手指着书上的瓢虫)它是害虫!

教师:从哪里知道它是害虫呢?

熙熙:你看,它这里有角。

教师:哪里有角?

熙熙:它的头上。

教师:熙熙觉得因为头上有角,所以是害虫。

壮壮:不对!不是害虫!

教师:咦,你们听到了吗?壮壮有不同的意见呢!

壮壮:因为它是瓢虫,就不是害虫!

教师:为什么它是瓢虫,就不是害虫呢?

壮壮:因为它是吃害虫的。

教师:壮壮觉得因为瓢虫吃害虫,所以它不是害虫。壮壮刚才用到"因为"这个词,接下来,你们也可以用这个词来试一试。

解析:幼儿出现否定词"不对",教师运用语气词和疑问句引发幼儿的思考,帮助幼儿明确壮壮所说的观点是不一样的。熙熙和壮壮说明理由时都表述不清楚,教师及时运用追问"为什么"的方法,引导幼儿将自己的理由说清楚。

轩轩:身上有红色、绿色的小虫子就不能碰。

教师:你是不同意壮壮的看法吗?

轩轩:是。

教师:孩子们,如果你不同意好朋友的看法,可以说"我不同意他说的",或是"我觉得他说得不对",这样来反驳他。你们可以这样试一试吗?

轩轩:我不同意壮壮。因为它的身上有红的、绿的颜色,这样的虫子是有毒的。

教师:说得真好! 轩轩先说出了自己的观点,她不同意壮壮的看法,紧接着说出了不同意的理由,还用上了刚才咱们说到的"因为"这个词语。谁还能来试试呢?

解析:教师及时抓住幼儿出现的反驳意识,运用示范讲解的方法,让幼儿知道当自己与同伴意见不同时,可以使用"我不同意你的看法"或"我觉得你说得不对"等否定句来表明自己的观点。

嘉铄:不对! 我不同意! 瓢虫不是害虫。

教师:为什么?

嘉铄:因为蚜虫是害虫,瓢虫是吃蚜虫的,瓢虫就不是害虫了。

小玉:我同意嘉铄说的,它不是害虫。

教师:为什么呢?

小玉:我爸爸和我看书时,看到瓢虫背上是有黑点的。

小迈:可是瓢虫背上的点是不一样的。

小玉:我说的是七星瓢虫。

教师:七星瓢虫怎么样? 你能说得再清楚些吗?

小玉:书上说的背上有七个点的就是七星瓢虫,这只瓢虫背上就有七个黑点。

教师:所以……

小玉:所以它不是害虫。

教师:这只瓢虫的确是七星瓢虫。小玉说得非常对,七星瓢虫不是害虫,它是益虫,会吃果树、小麦上的一些害虫。现在,你们觉得这张图片上的瓢虫是不是害虫呢?

幼儿:不是害虫。

教师:孩子们,你们知道吗?瓢虫有好多种,七星瓢虫只是其中的一种。欸,我有个疑问,除了七星瓢虫,其他瓢虫是不是害虫呢?

幼儿七嘴八舌:不是!是!……

教师:孩子们,关于这个问题,可以回家去问问爸爸妈妈,还可以一起上网查一查,得到答案以后咱们再一起来讨论。

解析:在此环节中,幼儿的反驳意识逐渐明显,有的幼儿还能运用抓漏洞、举例等方法。如小迈从小玉阐述的理由中抓出漏洞,针对黑点有多有少的理由提出质疑来反驳,教师及时给予肯定,让幼儿明确自己的反驳非常有力量。小玉为证明自己的说法的可靠性、可信度,使用"书上说的"来进行辩论。幼儿出现"辩"的苗头时,教师要做好"墙头草"的角色,随时帮助双方坚持完善自己的观点。"因为蚜虫是害虫,瓢虫是吃蚜虫的,瓢虫就不是害虫了",嘉铄通过三段式推理得出瓢虫不是害虫,可以看出幼儿推理思维的萌芽。

（山东省淄博市实验幼儿园　周梦娜）

中班

吃饭抢第一好不好

活动背景

　　早饭时间到了,伴着舒缓、柔美的轻音乐,孩子们都在进餐。刚过了一会儿,旭旭就吃完了,还有些着急地要去收餐具。"旭旭,你是不是只吃了一份饭?"硕硕小声问。"嗯,我吃饱了。""我知道,你就是想快点吃完饭去区域里玩。"正准备再去取餐的硕硕继续说。"我妈妈说了,早饭要吃好,你吃这么少不好,长不高。"同样要去取餐的石头说。"可是快点吃完饭就可以去区域活动了,能玩好长时间呢!"旭旭说。

　　"孩子们,你们先吃早饭,饭后咱们再来一起讨论好吗?"我小声地提议,孩子们点点头,早饭还在继续……

　　解析:幼儿升入中班以后,在吃饭时教师观察到这样的现象明显增多——有的幼儿为了吃饭抢第一,只吃一份饭,不再去盛第二份,而且吃完饭后急急忙忙洗手、漱口,然后很快就去区域活动。为了解决这一较为普遍的问题,新的辩论话题"吃饭抢第一好不好"产生了。这个辩论话题发生在幼儿身边,贴合幼儿日常生活,能让幼儿有话可说。旨在通过这类辩论活动,不断解决出现在幼儿生活环节中的普遍的、实际的问题,帮助幼儿养成良好的生活习惯。

活动实录

　　教师:孩子们,刚才吃早饭时旭旭、硕硕、石头几个小朋友在讨论"吃饭抢第一好不好"这个话题,大家是怎么想这个问题的呢?现在都来说说吧!

　　硕硕:吃饭抢第一好,因为抢了第一能到区域里玩好长时间,所以我觉得好。今天吃早饭的时候旭旭就是这样做的。

　　教师:硕硕用"因为……所以……"这样的句子,把观点和理由说得很清楚,让大家听得很明白。

　　琳琳:我觉得吃饭抢第一好,因为吃饭得了第一可以快点和好朋友一起去玩。

71

教师：琳琳用了"我觉得……"这个句子，先说出了自己的看法；然后又用了"因为……"这个句子说出了理由，这样就把话说得很完整、很清楚，让大家听得很明白。

明修：我也觉得吃饭抢第一好，因为可以一边看书一边和好朋友聊天。

教师：明修用"一边……一边……"这样的句子，把同时做的两件事说清楚了。

解析：教师及时针对幼儿的回答做了梳理和提升，既肯定了他们使用"因为……所以……"的因果复句、"一边……一边……"的并列复句等句式把自己的观点和理由说得更清楚、更明白，又引导幼儿尝试使用更多不同的句式来阐述自己的观点，让自己的观点更具说服力，这样幼儿的辩论经验才能不断丰富、辩论水平才能不断提升。

教师：刚才你们说了很多吃饭抢第一的好处。赶快吃完饭可以到区域里玩好长时间，可以快点和好朋友一起玩，还可以和好朋友一边看书一边聊天。吃饭是越快越好吗？

硕硕：不是，不快不慢、细嚼慢咽最好。

教师：是呀，只要我们吃饭的时候细嚼慢咽、吃得快一些，就会有和好朋友一起活动的时间，以后吃饭慢的孩子要加油啦！

解析：每个班总有几个吃饭速度特别慢的幼儿，教师将吃饭抢第一的好处进行了小结，通过这种方式，能一定程度激发吃饭慢的幼儿的积极性。

阳阳：我觉得吃饭抢第一不好，因为有可能会忘记漱口，会长虫牙的。

石头：我也觉得不好，因为总是想着抢第一，搬着椅子跑的时候会摔倒，很危险。

伊伊：我也觉得吃饭抢第一不好，小朋友在抢第一的时候会着急，一着急就会跑，一跑起来就容易摔倒。

红红：我不同意伊伊的观点，你不跑就不会摔倒了。

苣苣：我觉得吃饭抢第一不好，因为吃饭要细嚼慢咽，所以我觉得不好。

恩熙：我也觉得吃饭抢第一不好，总想着抢第一，拿饭的时候就开始抢，把饭撒了怎么办？

解析：教师可以及时梳理用到的方法，日积月累，幼儿在辩论活动中用到的陈述、假设、对比、举例等方法会越来越多，在不断地使用中他们的分析、判断、评价等能力都会得到极大的提升。

教师：刚才你们说了这么多吃饭抢第一的坏处。是啊，如果吃饭的时候光想着抢第一可能就不会细嚼慢咽了,而且一着急还可能会撒饭,洗手、漱口也不认真,还可能会搬着椅子摔倒或碰到别人发生危险……所以,吃饭总是想快的小朋友要仔细想一想,吃饭细嚼慢咽、不挑食、不剩饭,这些才是吃饭的好习惯。

旭旭:老师,我以后吃饭不再那么快了,我也要细嚼慢咽。

解析:通过这次辩论活动,轻松缓解了幼儿最近出现较多的"吃饭抢第一"现象。随着中班幼儿性格的变化、交往能力的提高以及竞争意识的增强,"喝水抢第一""换鞋子抢第一"等一系列的现象都可能会出现。通过这类辩论活动不仅可以帮助幼儿使用因果、并列复句等表达自己的观点和理由,提高倾听能力,积累反驳对方观点的方法,培养幼儿坚持己见,还可以帮助他们学会辩证地看待问题,养成良好的生活习惯。

（山东省淄博市实验幼儿园 张进）

中班

吃零食好不好

活动背景

　　区域活动时间到了,孩子们都忙着自选区域。杉杉朝着表演区走去,婼熙也随后跟了过去。杉杉走到表演区刚想脱鞋子,婼熙快步跑过去拉住杉杉,想说服杉杉和自己去建构区玩,可是杉杉不想去,婼熙情急之下就想到用"好吃的零食"说服杉杉。"好吃的零食"吸引力非常大,让杉杉的兴趣点有了明显的转移,两人对"好吃的零食"进行了一番讨论,最后达成共识一起去了建构区。(图5-3)

图5-3　吃零食好不好

　　区域活动结束后,孩子们陆续洗手、喝水,我也接了一杯水,和他们一起喝。在这种轻松、随意的氛围中,我问杉杉为什么最后两人都去了建构区,杉杉说婼熙是她的好朋友,还说婼熙带来了"好吃的零食",小硕、晴晴和大丞等听到"好吃的零食"后,对"吃零食好不好"展开了激烈的辩论。

　　解析:通过以上情境可以看出,中班幼儿对同伴间的交往行为非常关注,所以才有了今天的辩题"吃零食好不好"。这个辩题来源于幼儿的生活,也是家长和幼儿经常会聊到的话题,丰富的生活经验让幼儿在辩论时能够有话可说、有理可据。

活动实录

杉杉：老师，婼熙说要给我"好吃的零食"。

小硕：(瞪大眼睛)零食？

晴晴：吃零食不好，上面有小虫子。

小硕：哪有小虫子？我怎么没看见。

晴晴：零食很甜，虫子最喜欢甜的东西。

小硕：刷刷牙不就行了。

晴晴：幼儿园又不能刷牙。

小硕：可以漱口啊！

晴晴：反正我妈妈说，吃零食会长虫牙，吃零食就是不好。

小硕：少吃点呗！

晴晴：如果太想吃，不小心吃多了怎么办？

小硕：那……在零食上贴个纸条，写上"少吃点"。

晴晴：如果爸爸妈妈不在家，不认字怎么办？

小硕：你画个画不就行了。

解析：晴晴用举例子的方法来说明吃零食会长虫牙，过程中两人一直抓住对方话语里的漏洞进行反驳，坚持并不断完善自己的观点。

教师：孩子们，晴晴和小硕对吃零食有不一样的看法，你们是怎样想的？都来说一说。

杉杉：我觉得吃零食很好，因为吃了零食会很快乐！而且我没有长虫牙。

小硕：我也觉得吃零食好，因为小朋友伤心的时候，给他一点零食吃，他的心情就会好起来，还会和我玩。

晴晴：如果小朋友非常伤心的话，给他零食吃也不开心。

教师：小硕用到了"我也觉得……因为……"，说明自己同意前面小朋友的观点，还把自己的理由说得很清楚，很棒哦！吃零食会不会让人开心呢？晴晴想到了"小朋友非常伤心的话，给他零食吃也不开心"，反驳了小硕的观点，反驳也很有力度哦！

解析：在教师的强化引领下幼儿能够正确使用因果、假设复句完整地解释自己的观点，小硕用到了因果复句证明自己的观点,晴晴用到了让步假设反驳对方的观点,超越了单纯使用否定词"不"进行反驳的阶段,所以教师要及时把这一点提出来,并进行适时"强化",让幼儿感受到使用复句的好处,有意识地采取这样的方法论证自己的观点或反驳对方的观点。

　　大丞:我觉得吃零食不好,因为吃完零食就饱了,不想吃饭了,不吃饭的话就长不高,还会拉肚子。

　　晴晴:是不是雪糕呀?凉凉的雪糕吃了会拉肚子。

　　小硕:可是我吃过一个巧克力的雪糕,太美味了,我没拉肚子啊,所以我觉得吃零食好。

　　杉杉:我觉得吃零食好,因为我喜欢吃美味的雪糕,凉凉的很好吃。

　　大丞:我觉得吃零食不好,因为会拉肚子。

　　杉杉:可是小硕说他吃了没拉肚子,我吃过也没拉。

　　教师:杉杉用了"可是"这个词来说明自己不同意前面小朋友的观点,你们如果不同意前面小朋友的想法也可以用"可是"这个词。

　　教师:那到底吃零食好不好呢,你们刚才都说出了自己的想法,吃零食有好处也有坏处,所以在以后的生活中,我们可以吃,但要少吃!

(山东省淄博市实验幼儿园　位金枝)

中班

做大人好，还是做小孩好

活动背景

　　幼儿自由活动时间，珑儿说："我下个星期要去海南玩啦。"忱忱说："我也好想去旅游，但是爸爸妈妈请不出假呀。"诺诺说："大人工作很忙的，不能随便请假的。"忱忱说："还是做小孩子好啊，如果我想出去玩，就可以和老师请假，反正想请假就可以请假。"姚远说："我爸爸妈妈很忙，他们请不出假，没有时间带我出去玩的！你们能平时请假出去玩，因为你们的爸爸妈妈能请假啊，小孩子出去玩都要大人带着的。"珑儿："大人没空，小孩子也没办法出去啊！"……从对话中能发现孩子们已经感受到小孩与大人本质上的差别，不仅仅体现在身体外表上，而是体现在生活中各个方面的一些内在因素上。由此，我也和其他孩子探讨了关于大人与小孩之间的各种"问题"，他们能回忆生活中体验、感知到的方方面面，自然地讲述做孩子与做大人的不同。

解析：处于中班下学期年龄段的幼儿，他们的思维有去自我化的萌芽，能逐渐感受别人的想法，也乐于去观察周围人的生活状态，尝试从他人的角度思考问题。基于幼儿在谈话过程中的表现，他们对大人、小孩这两者有丰富的体验与经验，结合班级中幼儿语言思维水平的特点，我们尝试让幼儿们探讨这个有趣而富有意义的话题——做大人好，还是做小孩好。

活动实录

　　教师：刚才我听到你们在讨论大人和小孩子的不同，你们觉得做大人好，还是做小孩子好？

　　幼儿：做大人好，因为大人身体强壮，可以保护自己，不像小孩子，还需要大人保护。

　　幼儿：大人力气比小孩子大，可以拿好多东西。

　　幼儿：大人有很多本领，会上班赚钱、会烧菜、会开车，我妈妈还会做口红呢！

　　教师：哟，看来做大人还是不错的嘛，因为大人的身体强壮而且本领多。大家都喜欢做大人吗？有不同的想法吗？

幼儿：我觉得做小孩子好，因为小孩子年纪小，不用做很多事情，大人会帮我们做的！

幼儿：我还是觉得做大人好，大人知识多，他们可以教小孩子学习。

幼儿：但是大人天天要上班，回家还要教小孩子，这样很累啊。

幼儿：大人上班就能赚钱，大人教小孩子，小孩子就能学到本领，大人会很开心啊。

教师：做小孩子很轻松，做大人很辛苦，要完成很多事情，但大人会为他们付出后的成果感到快乐和满足。

解析：幼儿直观地感受并表达大人的外部与内在的优势，并能进行对比和举例说明。教师采用"总结法"进行提炼，并引导幼儿对"做小孩"进行思考。幼儿通过和同伴的思维碰撞，开始感知事物的两面性，教师对于这一点进行了提升和总结：即做大人虽然付出多、很辛苦，但会得到回报和成功的快乐。

教师：我们已经发现了大人与小孩的不同，还有新的发现吗？

幼儿：小孩子平时很自由，什么时候都可以出去玩。大人很忙，要天天上班，出去旅游还要向老板请假。

幼儿：可是小孩子出去玩必须由大人陪着啊，大人请不出假，小孩子也不能出去玩呀。

教师：那么做大人和做小孩，到底谁更自由呢？

幼儿：我觉得做大人更自由些，因为小孩子还没长大，出去玩要大人陪，买玩具也要大人来付钱，做什么事情都需要经过大人的同意。

幼儿：我也觉得做大人自由，做大人能想去哪里就去哪里，想买什么就买什么，没人管。

幼儿：对的，我妈妈可以化妆、穿高跟鞋、涂指甲油！

幼儿：可是做小孩没什么烦恼啊，大人要为很多事情烦恼，比如完不成工作了，小孩子不乖了，小孩子生病了。

教师：虽然大人比小孩子更自由些，但会碰到更多的问题和烦恼。

解析：教师采用"追问法"，追问"谁更自由呢？"，促进了幼儿"比较能力"的发展。幼儿则采用了"举例说明"的方法，清楚地讲述大人的自由程度更大，教师及时总结梳理幼儿的互动，引导幼儿辩证地思考——获得更多自由的同时，也要承担更多的责任。

教师：做大人好还是做小孩好，你觉得还有哪些不一样的观点吗？

幼儿：我觉得做小孩好，小孩每年都可以过六一儿童节，还能收到很多的礼物。

幼儿：大人也有很多节日可以过啊，比如母亲节、父亲节，还有重阳节，大人也可以收到很多礼物啊！

幼儿：那小孩子每年过节还可以收到压岁钱呢。

幼儿：大人不需要收压岁钱，大人自己就能赚到钱啊。

幼儿：大人可以去坐过山车，小孩太小了，不能坐。

幼儿：小孩可以去游乐园、儿童乐园啊，还可以玩好多玩具呢。

幼儿：反正我觉得做大人好，大人能玩的东西比小孩多！比如有些高科技的东西。

教师：做大人和做小孩都有各自享受的特权，有的是大人可以得到的，有的是小孩可以得到的。那到底做大人好还是做小孩好呢？

幼儿：其实做小孩和做大人都有好处的啊，但我还是更喜欢做小孩，我现在就是小孩，我觉得我每天都很开心。

幼儿：但是小孩总有一天也要变成大人的呀。

解析：教师引导幼儿感知大人与小孩有共性之处，都享有一定的"特权"。经过几个"回合"的讨论，再一次抛出最初的话题，意欲激发及引导幼儿的深度思考和辩证思考，并给予提升与总结——其实不管做大人还是做小孩，都有开心的事和烦恼的事，而我们一点一点地长大，总有一天要成为大人，所以我们除了要快乐地过好每一天，也要慢慢学会解决成长过程中遇到的各种问题，让自己成为快乐、有担当、有本领的大人。

（上海市长宁区北新泾第二幼儿园　郑乐颖）

79

中班

喜欢太阳，还是月亮

 活动背景

　　浩瀚无垠的宇宙在四月的时候上演了天文奇观——超级月亮。因此，在今天的"云聊室"里，孩子们开始七嘴八舌讨论起这件事来。齐敏说："昨晚的月亮好大呀！还亮亮的，像太阳一样！"雨墨说："好看是好看，但不像太阳，我更喜欢太阳。""我也是，更喜欢太阳，太阳能照亮白天，太阳本领更大。""我喜欢月亮，月亮不刺眼。"……你一句，我一句，孩子们不由地在云端"辩"起来了。

　　解析：进入中班，幼儿开始从只关注自己，拓展到关注周围好玩的事、有趣的事。刚巧在 2020 年 4 月，天空中出现了两次"超级月亮"，教师让家长带孩子观察"超级月亮"，了解天文知识。在每日"云聊天"的时候，幼儿们自然而然地说起了这个话题，教师决定引导幼儿讨论。

活动实录

● 探索问题一：你们喜欢太阳还是月亮？为什么？

　　幼 1：我喜欢月亮，月亮很好看。

　　教师：为什么你觉得月亮好看？

　　幼 1：月亮的颜色好看，会发黄色的光，我喜欢黄颜色。

　　幼 2：我喜欢太阳，太阳红通通的，很圆很圆的。

　　幼 3：我喜欢月亮，月亮有时候是圆的，有时候是弯的。

　　教师：太阳总是圆圆的，而月亮的样子看上去就有很多种变化。有时候圆圆的，有时候弯弯的。

　　幼 4：我都喜欢，太阳和月亮都好看。太阳红红的，月亮黄黄的。

　　幼 5：我喜欢月亮，喜欢嫦娥奔月的故事，月亮上有兔子。

　　幼 6：我也喜欢这个故事，我也喜欢月亮，太阳太热了我们上不去，但是人类已经可以登月了，我想去看看。

解析：这个环节是想让幼儿能从不同的角度阐述自己的理由。幼儿阐述后，教师采用"追问法"，引导幼儿用具体、完整的语言来表达自己的观点。然后再用"总结法"把幼儿的观点进行了梳理，总结出月亮和太阳的形状、颜色等要素。这些策略引发幼儿意识到了月亮形状的变化、月亮背后的故事和一些宇宙知识等。

● 探索问题2：阳光和月光有什么不同？

教师：太阳和月亮的外观形状、颜色看上去是不一样的，我们的眼睛对阳光和月光的感受是一样的吗？

幼5：太阳发出的光有时候很刺眼，是金色的。

教师：那太阳有没有不刺眼的时候？

幼5：有的，有时候像颗咸鸭蛋黄，橘红色的，不刺眼。

教师：你说得真好，你能用生活中看到过的、吃到过的咸鸭蛋黄来打比方说出太阳的样子。那你在什么时候看到过像咸鸭蛋的不刺眼的太阳吗？

幼5：爸爸妈妈来外婆家接我，我们一起回家在高架上看到的。太阳下山了，变低了。

教师：太阳下山的时候也叫傍晚，这时候它看上去会像颗咸鸭蛋黄。而有时候太阳光强烈会刺伤眼睛，所以我们不能盯着太阳看。

幼6：太阳光很大的时候就要戴太阳眼镜，遮挡阳光。月亮不刺眼的。

教师：阳光刺眼，月光不刺眼，你们同意吗？

幼7：同意的，月亮是晚上出来的，发出的光是黄色的，盯着看也不会刺眼睛，不需要戴眼镜，没有月亮眼镜。

教师：原来阳光强烈，月光柔和。

解析：这个环节，教师重点培养幼儿的"比较"能力。从单纯地述说喜欢的理由过渡到对两者进行比较，引导幼儿用比较的方法更具体、完整地表达。在讨论到光线时，采用"反问法"，引起幼儿的逆向思维，增强他们多角度考虑问题的能力。

● 探索问题3：阳光和月光照在身上的感受有什么不同？

幼8：我喜欢月亮，因为月光凉快，太阳光很热，我怕热。

幼9：我喜欢太阳，太阳发出的光照在身上舒服，特别是冬天的时候。

教师：我们需要太阳，太阳不但能发光还能发热，给我们带来阳光和温暖。除了我们人类，动、植物需要太阳吗？

幼10：要的，太阳能让小树长大。动物们也怕冷的，也需要太阳。

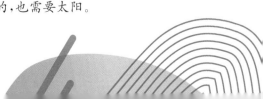

教师：阳光照在身上让我们觉得温暖，月光照在身上没有什么感觉。

解析：教师抛出第三个问题，将幼儿从眼睛的感官体验延伸到身体和心里的感受，让幼儿思考不同光源所带来的不同体感，并进行对比，拓展幼儿的思维。

- 探究问题4：太阳和月亮本身就会发光吗？

教师：小朋友们说了很多自己喜欢太阳或月亮的理由，说到了它们外观形状的不同，颜色的不同，还有发出的光照在身体上的感受的不同。那太阳和月亮它们本身会发光发热吗？

幼10：它们都会自己发黄色光的。

幼11：太阳自己就会发光发热的，太阳出来了天就亮了，天气就热了。月亮会发黄色光的，不发热的，晚上凉快。

幼10：月亮发光的，亮的呀。

幼12：月亮不发光的，它的光是太阳的。

这次"云聊天"之后，第二天，教师带着幼儿们一起看了科普小视频《月亮为什么会发光？》。

解析：教师抛出第四个问题，聚焦到了"月亮本身是否会发光发热"，这个问题是一个认知层面的问题，试图引发幼儿进一步的科学探索兴趣。

（上海市长宁区紫云路第一幼儿园　雍静娴）

大班

老建筑要拆除吗

近期,我班正如火如荼地开展着主题活动"我们的城市",结合主题核心经验:1.有兴趣地观察周围不同的建筑,了解它们的特征及与人们生活的关系。2.体会城市建设的不断变化,了解各种新鲜事物,感受我们的家乡越来越美丽。其中,绘本故事《小房子》引发了孩子们的兴趣与思考,小房子无忧无虑地生活在乡村,然而随着城市化进程所带来的变化,小房子不复从前,失去了原有的"生机"与"盎然",小房子的"未来"将"何去何从"呢? 孩子们在看完绘本后,开始激烈地争论起来。

幼儿:"那么破的房子应该拆了,否则会影响周围美丽的环境!"

幼儿:"可是拆了小房子,它的主人会很难过啊!"

幼儿:"这座房子已经很旧了,里面的家具一定都不能用了,还是应该把它拆了!"

但是,某一天新闻播报时,一位幼儿播报了一则巴黎圣母院突发大火的新闻,再次引发了孩子们对于老建筑的议论。孩子们开始纠结起来:城市中的老建筑需要拆除吗?……

解析:到了大班,幼儿们的注意力开始转移到周边的事物上,特别是在"我们的城市"这个主题下,幼儿们从"老房子"扩展出范围更大、影响更深远的"老建筑",这说明大班幼儿的思维广度和深度都有了很好的发展,教师觉得应该牢牢地抓住这个机会,帮助他们开展一次"大讨论",与此同时,也促进大班幼儿社会责任感的培养。

片段一

教师:老建筑要拆吗?

幼儿:老房子是很早以前造的,都不坚固了,如果发生了地震、台风之类的灾害,就很容易倒塌,里面的人会有生命危险。

幼儿：有些老房子,里面都是公用的厨房和厕所,环境也不好,居住在里面的人会觉得生活很不方便、不卫生,心情也不好。

幼儿：我觉得你说得不全对,石库门房子是上海有特色的老房子,有里弄文化,可以让现在的人了解过去人们的生活文化。

幼儿：对的,还有北京四合院,也是很有特色的人们居住的房子,拆了太可惜了。

幼儿：很多老房子是家里几代人居住过的,有很多的回忆,不舍得拆啊。

幼儿：而且拆那么多老房子,会污染环境的呀。

幼儿：如果老建筑都不拆除的话,那新房子就没有地方造了啊。

解析：结合绘本的价值观和现实社会中的现象,引发幼儿对"老建筑要拆除吗"的讨论。第一个阶段的目标是丰富幼儿"从不同角度解释观点"的辩论核心经验。旨在培养幼儿在阅读中、在生活中主动思考、乐于发问、善于探索的学习品质。

片段二

教师：那么所有的老房子都必须要拆吗?

幼儿：我觉得有些老房子可能是历史建筑,不适合拆,应该保护起来。这些老建筑有研究的价值,科学家去研究它们,可能会有新奇的发现。

幼儿：如果老房子全部拆掉了,以后的科学家就没办法搜集信息了。

幼儿：老房子留着,建筑工人可以参考老房子的样子建造新的房子。

幼儿：如果老房子很多的话,就可以拆掉一些,再保留一些。

幼儿：我记得上次妈妈带我去复兴路,看到一幢很古老的小房子,是一个参观的景点,如果拆了造新房的话,那么游客到上海来旅游时就少一个参观景点了。

幼儿：我寒假去北京玩,北京的故宫很美,是以前皇帝们居住的房子,如果拆了,我们就不知道皇帝以前的生活是怎样的了。

解析：适时给予支点和质疑,引导幼儿突破思考"瓶颈"。在辩论过程中,幼儿主要以论为主,有幼儿对对方的观点有针对性地进行了辩驳,主要体现在"老建筑都必须拆除或都不拆除"这一点。老师的质疑"那么老房子都必须要拆吗?"让幼儿对问题有了更深入的"辩证性"思考,幼儿开始思考老建筑有必要全部都保留吗,还是只需保留个别的作为典型。

片段三

教师：那说到具有文化历史意义的老建筑,比如北京的四合院、故宫,上海的石库门建筑,这些房屋的占地面积很大,确实会影响城市新环境的建设,我们应该怎样去对待它们呢?

幼儿：我觉得石库门房子和四合院可以拆掉一些,保留几幢,这样人们不仅可以去参观石库门房子,还可以空出地方造新房子啊。

幼儿：故宫也可以拆掉一些吧!

幼儿：我觉得故宫要全部保留下来的! 它的年代更远,而且是古时候皇帝居住的,是人们花了很多时间造的,每一幢房子都很有意义的,拆了一幢就会破坏原来的样子了。

幼儿：有的建筑很有历史意义的,只有一幢的,应该要保留下来。

幼儿：上次新闻里说的法国的巴黎圣母院着火了,人们都很伤心,因为这是法国最有名的建筑,大家都希望这幢建筑一直保留下去,永远都不能拆的。

解析：老建筑有许多种类,有年代久远的各地民居,还有含文化纪念意义的各类历史建筑,对于这些老建筑,有些应保留下来,有些是可以拆除的。如具有特色的老建筑,有参观、研究、学习的价值的,不可以拆除;如有些占地面积很大、年久失修的,对人们生活造成不便、带来安全隐患的,环境设施过于破旧的民居,是应拆除的。

（上海市长宁区北新泾第二幼儿园　郑乐颖）

大班

小鱼要不要和妈妈分开

活动背景

　　几天前,博涵带来了一个鱼缸和五条孔雀鱼,我们把它们放在了班级的饲养角里。孩子们对这些绚烂多彩的新朋友很感兴趣,经常到饲养角去看小鱼或拿鱼网逗小鱼。

　　中午起床后,饲养角里有几位小朋友在争论,我刚走近,博涵就拿着鱼网跑到我身边拉着我的手说:"老师,我带来的鱼生宝宝了,得赶紧把小鱼捞出来,要不它们就被大鱼吃掉了!""对,再不捞出来就要被大鱼吃掉了!"圣轩也附和着说。"小鱼怎么能离开妈妈呢? 它们还那么小!"玖月站在鱼缸面前不紧不慢地说。圣轩说:"不把小鱼捞出来,万一大鱼把小鱼都吃了那该怎么办?"家奥摊开双手,嘴角上扬着说:"妈妈怎么可能吃自己的孩子? 这也太可笑了吧!"圣轩接着说:"大鱼也不一定就是小鱼的妈妈呀!"⋯⋯这时聚集在饲养角里的孩子越来越多。(图5-4)

图5-4　小鱼要不要和妈妈分开

　　解析:大班上学期幼儿已有一定的辩论经验,在日常生活中出现不同意见时,他们都会积极主动地发表自己的看法,也能用一定的辩论方法来反驳对方。作为教师要捕捉幼儿生活中有价值的辩论话题,并及时引导幼儿展开讨论。

活动实录

　　教师:到底要不要把小鱼捞出来呢? 你们可以都来说说自己的想法。

　　嘉嘉:我认为小鱼不能和妈妈分开,因为小鱼太小,离不开妈妈的。

　　圣轩:嘉嘉我不同意你的观点,小鱼和大鱼在一起的时候,大鱼会把小鱼吃掉。我在家里的时候,和爷爷做了一个鱼的实验,我们把小鱼放到大鱼缸里,大鱼像"箭"一样地去追小鱼,小鱼最后就被吃掉了!

　　教师:大鱼为什么像"箭"一样? 你能给我们解释一下吗?

　　圣轩:就是大鱼像射出的弓箭一样,游得非常非常快!

　　教师:哦,原来你用了一个比喻句,我们都知道弓箭发射的速度是很快的,把大鱼比作弓箭,有了弓箭速度的参照,一下子让我想象到了鱼游得有多快! 大家以后也可使用这种方法,把什么比作什么,将别人不容易理解的事情换成容易理解的。

　　解析:幼儿在辩论中运用修辞手法来描述一件事物时,会让语句更加生动、形象,让别人更容易理解。面对这种情况,教师要及时捕捉并给予强化,次数多了,幼儿就会明白如何使用修辞手法,继而潜移默化地运用到日常对话中。

　　教师:刚刚圣轩不仅运用了比喻的修辞手法,而且还举了一个自己做实验的例子,让自己的观点更有说服力! 那对于圣轩通过实验得出的结论,你们同意么?

　　玖月:圣轩,我家鱼缸里的小鱼和大鱼就生活在一起,也没看见小鱼被大鱼吃掉啊!

　　解析:对于大班幼儿来说,他们日常生活中的亲身经历、日常生活中的细致观察,都能被他们所积累和运用,成为证明自己观点的最有说服力和可信度的实例。

　　圣轩:我才不相信呢,你一定是看错了!

　　家奥:圣轩,鱼妈妈是不会吃自己的宝宝的,因为妈妈都很爱自己的孩子!

　　圣轩:大鱼明明是吃小鱼的,因为鱼的记忆力只有七秒钟,接着它就不认识自己的宝宝了。大鱼吃小鱼,小鱼吃虾米,这叫食物链。我是听我爷爷说的!

嘉嘉：小鱼太小，离开妈妈它会害怕的！

博涵：可是小鱼不离开妈妈它就会被吃掉，那样它就死了！

……（其他孩子仍在不断重复之前说过的理由）

教师：圣轩先举了一个自己做过实验的例子来证明自己的观点，刚刚又举了一个爷爷说过的例子来继续证明自己的观点。他的理由非常充分，既有自己的也有他人的，那现在谁来反驳他？

家奥：圣轩你说的这个理由怎么证明是真的？

圣轩：我们现在可以从网上查一查，放心吧，我说的一定是对的。

教师：这是一个好主意，我们现在就一起查资料！有事实的依据，会让自己的观点更有信服力。

活动延伸

通过上网查阅鱼类的生活习性，与幼儿一起做实验，将鱼缸中的一部分小鱼捞出，另一部分继续留在大鱼身边，验证大鱼是否吃小鱼。

解析：辩论结束后的延伸活动也很重要，幼儿经历过激烈的辩论后再查阅资料，通过实验去验证新经验，这样习得的知识比教师直接给予更有价值和意义。

（山东省淄博市实验幼儿园　翟杰）

大班

动物表演好不好

活动背景

　　围绕主题"动物大世界",幼儿园春游地点为野生动物园,内容包括游览和观看动物表演。一说起动物表演,孩子们兴奋不已,七嘴八舌地讨论着,"我最喜欢看动物表演了""我妈妈之前带我去海洋公园看白鲸表演""我看过海狮表演"……春游那天,孩子们如愿以偿,观察着各种各样的动物,还观看了期待已久的动物表演。

　　春游后,孩子们记录下"春游中印象深刻的事",许多孩子都画了动物表演的片段,比如老虎扑食、狗熊走独木桥、小狗跨栏……

　　过了几天,在讲新闻活动中,有个孩子带来了《〈小飞象〉真实原型历经悲惨一生》的新闻,说出了大象为了表演所受到的残忍的伤害。孩子们听后,对大象的遭遇感到难过和心痛。

解析:一边是观看动物表演的深刻印象,一边是动物表演背后的残忍伤害,快乐与心痛相互拉扯,"要不要看动物表演"成了一个值得探讨的话题。喜欢动物表演的幼儿会迫于同伴的压力而隐藏自己的想法吗?保护动物到底是保护动物的什么呢?到了大班,幼儿们的思维明显深刻起来,教师及时抓住他们的兴趣点和思维点,不仅要丰富幼儿的辩论核心经验,还要让他们学会如何与动物、与大自然相处,培养他们对周边环境负责任的态度。

活动实录

片段一:动物表演好不好?

　　幼1:我觉得动物表演不好,因为动物不想表演,它们不想训练,它们想要自由一点。它们平时在动物园里的生活空间很小。有些动物生活在水里,如果没有水会死的。

　　教师:你最主要的观点是动物表演让动物没有自由是吗?

　　幼1:对的。

　　幼2:我觉得动物表演好,因为老虎扑食的表演里老虎能吃到东西。

89

教师：是啊,动物表演之后训练员会奖励食物给它。

幼2：这样动物就不会挨饿了。

幼3：我也觉得动物表演好,可以让我们看到精彩的表演,我感觉很快乐。

教师：嗯,动物表演给人们带来了乐趣。

幼4：我觉得不好,因为动物之前是不听话的,是被人打过了才听话的。

众人：是啊,被人驯服了。

教师：所以你觉得动物表演会给动物带来伤害?

幼4：是的。

幼5：我觉得好,因为动物表演,比如老虎扑食,我原本不知道老虎会这样的。

教师：你是说看动物表演能学到知识是吗?

幼5：对。

解析：教师保持中立是幼儿聊开、聊透的基础。师幼互动中教师始终保持中立的态度,认真倾听并梳理幼儿的表达,而不加以评判。也正因如此,幼儿们各抒己见,表达自己真实的想法,结合已有经验,关注到了动物表演对人、动物带来的不同影响。

片段2：动物表演自身本领好不好?

幼6：我觉得好,因为这样能看到动物可以做到的一些本领。

幼7：我觉得不好,因为动物本身就没有这些特性,要被人们抽、打,训练得不好的话它们就没有吃的,就会被饿死。

幼8：我觉得好,因为我以前看过猴子表演,它们擅长爬竹竿的,所以我觉得好。

教师：有些动物表演,比如猴子爬竹竿,本身就是什么呢?

幼7：它的特性。

教师：嗯,有些动物表演是发挥它们自身的本领,可能就不会被抽打,你是这个意思吗?

幼8：是的。

幼9：我觉得(幼8)说得是错的,我们已经知道猴子会爬竹竿了,那还要表演干什么呢? 不表演的时候,动物园里就能看到猴子爬来爬去、玩单杠、荡秋千的。

教师：对哦,你们平时在动物园看到过吗?

众人：看到过的。

幼10：我觉得好,我看到狗熊表演的时候,觉得它们在锻炼身体。

教师：嗯,好像也有道理的。

幼9:我还要补充。我依然觉得不好,因为动物如果已经进了马戏团,它就没有野生的感觉了,如果再放回去,这种野生的感觉没了可能就会受伤。

教师：你说的是动物的野性吗？

幼9:是的。

解析:在你一言我一语的讨论中,幼儿聊的内容越发深入,从已有经验向"保护动物"延伸。无论是提出"表演自身的本领"的幼儿还是表示反对的幼儿,他们都在思考"避免动物受到(人类)伤害"的办法。同时也可以看到,幼儿开始聚焦"保护动物的野性"。幼儿们的思维越来越深刻,越来越多元。

（上海市长宁区新实验幼儿园　邢乃雯）

大班

辩论是不是吵架

 **活动背景**

　　早饭后,子桐拿着自己画的"超级赛亚人"对小熊说:"你看,我的超级赛亚人马上就要变身了!"小熊说:"不会的,他的姿势不对!"子桐说:"他就是这样变!"小熊说:"不是,他明明是举起胳膊变身的!"为此,两人争执了很久,我问他们:"你们不是最好的朋友吗? 怎么吵起来了?"小熊说:"没事,我们是在玩辩论游戏,辩论不就是吵架吗?"为了让他们进一步了解什么是辩论,我们以"辩论是不是吵架"为题展开了讨论。

　　解析:随着理解能力的增强,大班幼儿开始出现判断、推理等思维方式,但因为语言素材不够广和深,且认知理解水平有差异,对"辩论是一种逻辑对话"尚且不能理解,因此把"辩论"理解为"吵架",认为"辩论"就是"吵架"。

 **活动实录**

　　教师:你们觉得什么是辩论游戏?

　　舒凡:辩论就是说的游戏。

　　小熊:辩论就是吵架游戏。

　　小冉:辩论是智慧游戏。

　　诺诺:辩论是思考游戏。

　　子桐:辩论是反驳游戏。

　　解析:从简单的讨论中,能够看出幼儿基本能够理解辩论的含义,知道辩论游戏有正方和反方,游戏中可以反驳对方,还知道在辩论游戏中需要认真思考。可见,幼儿已经具有独立分析和判断的能力,可继续开展与"辩论"相关的活动,帮助幼儿建立辩论规则,促使幼儿文明有礼地进行辩论游戏。

　　教师:你们觉得辩论是不是吵架?

　　玥玥:我觉得不是吵架,我们都是好朋友,吵了架怎么一起游戏?

朵朵：我觉得不是吵架,应该是大家想得不一样而已,谁都想让别人听自己的。

小熊：我说的也不是吵架,我说的是"你说你的、我说我的,说完了我们还是好朋友。"(图5-5)

图5-5　辩论是不是吵架

教师：小熊的话特别有意思,"你说你的、我说我的,说完了我们还是好朋友",也就是说,好朋友也有观点不一样的时候,我们可以很坦诚地说出自己的观点,就算观点不一样,也不影响我们的友谊,对吗?

小熊：(使劲点头)嗯嗯!

教师：吵架是争吵,双方互不相让,有伤害的意思;辩论是用合适的理由证明自己的观点,有以理服人的意思。所以,辩论不是吵架。

解析：大班幼儿的情感稳定性开始发展,有了相对稳定的好朋友。小熊的解释非常经典,所谓"我不同意你的观点,但我捍卫我们的朋友关系"。教师及时强化,既鼓励幼儿敢于说出自己的观点,又引导幼儿理解朋友之间不因观点不同而反目的相处之道。

诺诺：辩论游戏当然不是吵架了,它就是你说一句、我说一句,看看谁说的理由多。

小辉：辩论游戏是让我们变聪明的游戏,吵架可不是聪明的。

教师：既然辩论不是吵架,那应该怎么说话?

瀚文：按照顺序说话,一个说完了另一个接着说。

蕊蕊：说好听的话，说话的声音不能太大，让大家听见就行，说的声音太大就像吵架了。

豆豆：要有礼貌，要说"请问"，不能用手指着别人。

子宜：说话的时候要看着对方的眼睛，这样别人才愿意听你说话。

蕊蕊：声音要响亮。

教师：说话的声音是不是越大越好？

子桐：声音不是越大越好，只要大家能听清楚就行。

玥玥：声音太大就是噪音了，会听得耳朵疼，所以声音不能太大。

教师：你们总结得非常棒！一个说完了另一个接着说，能让辩论游戏非常有秩序；不用手指着别人，说"请问"能让大家听起来非常舒服，感觉说话的人非常有礼貌。

教师：既然合适的声音能让大家愿意倾听，那你们觉得辩论游戏时，应该怎么听别人说话呢？

祺祺：听别人说话的时候自己不说话。

朵朵：不能打断别人说话。

墨墨：谁说话就看着谁的眼睛，这样才能听得更清楚。

玥玥：听别人说话的时候，要认真想一想他说的是什么意思。

瀚文：还要一边听一边思考自己应该说什么，这样才能说服他。

解析：辩论要求明确，辩论规则和秩序就建立起来了。教师用提出问题、步步追问的方法，围绕"怎么听""怎么说"这两个话题，和幼儿一起梳理辩论规则，引导幼儿在主动思考、自我辨析的过程中运用已有经验获得新的辩论经验，掌握新的辩论规则，顺理成章地从"辩论就是吵架"的模糊概念中，感知辩论应该用合适的声音表达自己的想法，用充分的理由证明自己的观点，从而帮助幼儿建立认真倾听、文明交流的意识，为自主辩论做好递进铺陈。

教师：老师越来越佩服你们了！原来辩论不但要会说话，还要会一边听一边思考，才能想到说服对方的理由。如果你们能够遵守这些辩论规则，就一定能成为很棒的辩论高手。

（山东省淄博市实验幼儿园　田香玲）

第六章

学前儿童
自觉式辩论
教育实践

第六章　学前儿童自觉式辩论教育实践

幼儿园自觉式辩论活动是指在教师有目的、有计划的组织下,以集体活动的形式而开展的,让幼儿在自我知觉的状态下,围绕一个中心辩题并运用一定的辩论方法,从正反两个方面阐述观点进行辩论的口语对话活动。由于这类活动都是以集体活动形式呈现,所以又被称为集体辩论活动。自觉式辩论活动以发展幼儿的辩论语言能力为核心,推动着幼儿的批判性思维、认知及社会性等多方面的同步发展。

本章一共收录了 10 个自觉式辩论(集体辩论)活动,这类活动大多在大班的年龄段开展,因为这个阶段幼儿的生活经验和辩论经验都有一些积累,认知水平和思维深度也都有了长足的发展,可以开展有意识、有组织的辩论活动。在这些活动中,有 1 个小班的活动和 1 个中班的活动,这些活动是对集体辩论活动向更低年龄段延伸的尝试。

在这 10 个自觉式辩论活动中,有 4 个话题是关于自己生活的辩论话题,它们分别是"甜甜的礼物""自己上楼好不好""有弟弟妹妹好不好"和"勇气";有 3 个话题是关于自然的辩论,它们分别是"动物法庭""你喜欢风吗"和"冬天好还是夏天好";有 3 个话题是来自对图画书的辩论,它们分别是"好消息,坏消息""米歇尔,一只倒霉的羊"及"城市好还是乡村好"。这些集体活动,虽然都是教师有组织、有目的地预设的活动,但教师也是依据主题、幼儿的兴趣而确定的。4 个关于生活的辩题,从吃、行到家庭、小学,都是和幼儿息息相关的日常;3 个关于自然的辩题,则包括动物、自然气象和四季。可见幼儿的视角和可探讨的话题越来越宽广,越来越有深度了。而源自图画书的 3 个辩题,则更聚焦于培养幼儿的审辩式思维的能力,丰富幼儿辩证地看待和认识世界的经验。

表 6-1　自觉式辩论活动汇总表

序号	活动名称	年龄段	辩题来源
1	甜甜的礼物	小班	生活
2	自己上楼好不好	中班	
3	有弟弟妹妹好不好	大班	
4	勇气	大班	

97

（续表）

序号	活动名称	年龄段	辩题来源
5	动物法庭	大班	
6	你喜欢风吗	大班	自然
7	冬天好还是夏天好	大班	
8	好消息,坏消息	大班	
9	米歇尔,一只倒霉的羊	大班	图画书
10	城市好还是乡村好	大班	

小班

甜甜的礼物

糖果和水果都是幼儿熟悉、喜爱的食品。它们精美的包装、形态各异的外形、鲜艳美丽的色彩、奇特丰富的口味,都对幼儿有着巨大的诱惑力。本次活动选择这个幼儿既熟悉又感兴趣的内容,让幼儿通过"说说甜——选礼物——送礼物"的过程,发展小班幼儿完整讲述的语言能力,鼓励幼儿大胆阐述自己喜欢糖果或者水果的理由,并能坚持自己的观点,发展辩论的核心经验。

1. 通过活动,让幼儿感知水果和糖果的颜色、形状、味道等特征。

2. 能大胆、清楚表达自己喜欢吃水果或糖果的理由,对辩论活动感兴趣。

3. 感受和体会分享带来的快乐。

物质材料:实物糖若干、水果和糖果图片、PPT、记录纸、笔。

材料说明:实物、图片是为了帮助幼儿回忆已有经验,PPT 的运用是为了创设故事情景、调动幼儿活动情绪。

一、片段一：说说甜

　　教师：今天我带来了一位客人,看看是谁？ 这位是蜜蜜仙女,她最喜欢甜甜的东西！ 你们喜欢甜甜的东西吗？

　　关键提问：我们的生活中,有哪些东西是甜的？

　　小结：原来生活中有这么多甜甜的东西！

解析：为了能很好地将活动的三个环节"说说甜——选礼物——送礼物"贯穿起来，教师代入了一个角色——"蜜蜜仙女"，这样既有利于活动的连贯性，又有利于调动幼儿的参与性。甜甜的物品是幼儿熟悉、且和他们的生活息息相关的，所以，教师采用开门见山的方式，直接抛出一个关键问题：我们的生活中，有哪些东西是甜的？帮助幼儿调动已有经验，让幼儿有话可说。

二、 片段二： 选礼物

教师：蜜蜜仙女有一个甜甜魔法袋，只要她一念魔法咒语"甜甜，甜甜，变变变"，她就能变出很多甜甜的食物。（一边说，一边出示水果和糖果）今天，她要到她的好朋友甜甜仙女家做客，蜜蜜仙女一时不知道该送什么甜甜的礼物，我们一起来帮她选吧！

（1）选择观点，陈述理由。

关键提问：你会选什么？为什么？

解析：这个环节重点关注幼儿能否从某一方面大胆清楚地表达自己的观点；这个环节的目的是帮助幼儿回忆关于水果和糖果的已有经验，并将他们的理由梳理清楚，起到语言示范的作用。

教师：谁愿意帮助蜜蜜仙女进行选择？告诉我你喜欢哪个？为什么？

幼儿：我喜欢葡萄。

教师：为什么？

幼儿：因为我喜欢紫色。

教师：他喜欢葡萄是因为它的颜色。还有吗？

幼儿：我喜欢吃草莓，红色，甜甜的。

教师：那么有人能告诉我草莓是什么形状的吗？

幼儿：是三角形的。

教师：草莓的颜色是红红的，味道是甜甜的，形状是三角形的。有其他的不同形状的水果吗？

幼儿：火龙果、山竹、橙子、杨桃。

教师：有喜欢水果的外形形状的，如三角形的、圆形的，有喜欢味道的，如甜甜的，有喜欢作用的。

教师：糖也是甜的，你们见过哪些糖？

幼儿：爱心形状的棉花糖。

幼儿：还有可乐糖。

幼儿：还有棒棒糖。

幼儿：泡泡糖。

教师：泡泡糖不仅好吃,还好玩,可以用来吹泡泡。

教师：甜甜的糖果不仅有着各种各样的形状,"穿"着各种各样的"衣服",连口味也是各种各样的,更有趣的是糖果还很好玩! 甜甜的水果有不同的形状、各种漂亮的颜色,水分充足,还有很多的作用!

解析：教师鼓励幼儿用完整的语句大胆表达,旨在将幼儿的讨论带入一种轻松的氛围,让幼儿愿意说,打开话匣子。在这个过程中,教师重点鼓励幼儿说清楚喜欢的理由,帮助其归纳关键词。

（2）深入思考,尝试论一论。

关键提问：水果和糖果都很好,选哪个更好呢?

教师：你们刚刚说糖和水果都是甜的,那你们更喜欢哪个呢?

幼儿：我喜欢吃糖,因为糖的味道好。

幼儿：我喜欢吃水果,因为水果可以榨成汁,比较方便。

教师：水果水分多,其他人有不同的意见吗?

幼儿：我喜欢吃糖,因为我喜欢玩。

教师：怎么玩?

幼儿：泡泡糖能用来吹泡泡。

幼儿：我喜欢西瓜味棒棒糖。

教师：为什么你喜欢棒棒糖,不喜欢西瓜呢?

幼儿：糖吃起来方便,水果要切的。

教师：其他人有不同的意见吗?

幼儿：西瓜汁喝起来也很方便。

幼儿：糖更甜,放在口袋里想吃的时候就可以拿出来。

幼儿：西瓜太大了,不方便带。

幼儿：可是西瓜有维生素,对身体好。

教师：瞧! 虽然都是西瓜味的,糖的口感甜,携带方便,但是水果有营养,可以让我们的身体长得壮壮的。

解析：这个环节的讨论,教师在鼓励幼儿大胆阐述理由的基础上,让幼儿尝试从多角度进行辩论,初步通过对比的形式进行阐述。教师引导幼儿开始关注同伴的观点,有力地提升了幼儿的思维和语言水平。在这一过程中,教师根据现场状况,及时梳理阐述的理由,并以绘画的形式进行记录,把有争议的要点提出来,引发幼儿进一步辩论,建立初步辩论的能力。

三、片段三:送礼物

教师:你们帮忙选的礼物甜甜仙女肯定会喜欢的,让我们拿着这些礼物和蜜蜜仙女一起去甜甜仙女家做客吧!

解析:这个环节的目的是以故事情节贯穿整个活动,进一步激发幼儿活动的兴趣,感受和体验分享礼物、帮助他人的快乐。

（上海市长宁区新剑幼儿园 牛晓宇）

中班

自己上楼好不好

设计意图

为培养幼儿的自主能力,本学期我们开启了幼儿自主入园模式,这对幼儿们来说是一个新挑战。面对这一改变,幼儿们的感受是有所不同的,有的幼儿非常希望自己上楼;有的则反应不明显;还有的会有一定的担心。自主入园真正开始了,幼儿们各自有了自己上楼的亲身经历,有了自己的感受,"自己上楼好不好"这个话题自然展开了。

活动一　自己上楼好不好

活动目标

1. 能结合记录表,用简单的复句连起来说一说"自己上楼好不好"及其理由。
2. 学习正确使用因果复句"因为……所以……"解释自己的观点。

活动准备

已完成的亲子记录表。

活动实录

一、 借助"亲子记录表",引导幼儿使用因果复句表达自己的感受

　　教师:孩子们,这是你们第一次自己上楼后完成的记录表,记录了对"自己上楼好不好"的想法,谁想来分享一下?

　　解析:教师提供符号支架——亲子记录表。自主入园第一天,幼儿们有了真实体验,这种"第一次"的感受往往是最深刻的。为了及时了解幼儿们的真实感受,教师发放了亲子记录表,能够帮助幼儿对"自己上楼好不好"进行前期思考,幼儿第二天便可以带着思考参与辩论。

　　浩浩:我画的是自己上楼。

教师：哦，那你有没有画出自己上楼好还是不好呢？

浩浩：画了。

教师：太好了，快讲给我们听听吧，你画的是自己上楼好还是不好呢？

浩浩：我画的是自己上楼好。

教师：哦，那你为什么觉得自己上楼好呢？

浩浩：因为长大了。

教师：那你能把刚才说的这些都连起来讲一讲吗？

浩浩：我画的是自己上楼好，自己上楼让我感觉我长大了。

解析：浩浩一开始只是简单地说自己画的是"上楼好"，而对于为什么觉得"自己上楼好"却并没有说明白，教师通过解剖式回应帮助他补充没有表达的内容，并将前后的单句连起来，完整确切地表达语义。

牛牛：我画的是自己上楼好，自己上楼能看到靖崴。

教师：哦，为什么见到靖崴就觉得好呢？

牛牛：因为看到他心情好，很开心。

教师：那你把这种开心的心情也一起完整地讲出来，试一试。

牛牛：自己上楼碰到靖崴，心情很好很开心。

教师：所以……

牛牛：所以自己上楼很好。

教师：这样连起来说得真明白。

小昕：我画的是自己上楼好，因为自己上楼见到老师说"老师好"，老师夸我很有礼貌。（图6-1）

图6-1　自己上楼好不好

解析：牛牛认为自己上楼好的理由是"能看到靖崴"，这显然说得不够明白，教师及时追问帮助他进一步说明见到靖崴的好处，理清要表达的完整意图，将多重语义表达清楚。同时，在幼儿尝试用复句将多重语义表达得更完整清楚时，教师及时为幼儿递词"所以"，使幼儿的表达更加流畅、有条理。

二、 鼓励同伴交流，在宽松氛围中自由分享记录的结果

教师：这里还有很多记录表，请小朋友们找到自己的记录表，和好朋友说一说自己上楼好不好，为什么？

冉冉对奇妙说：我画的是自己上楼好，那你的呢？

奇妙：我画的也是自己上楼好，自己上楼能见到很多"微笑老师"。

星星对小喆说：你看，我画的是你，我刚上三楼就碰上你了。

......

解析：同伴间进行自由的交流，因经验水平相当，能提高交流的频率；又因气氛的宽松，思维会更加活跃，交流更轻松自如。

三、 帮助幼儿梳理自己上楼的好处，鼓励他们在集体面前用简单的复句连起来说一说

教师：刚才小朋友们在交流的时候，说了好多自己上楼好的理由，快来分享一下。

星星：我画的就是自己上楼好，因为我刚上三楼就碰上小喆了。

冉冉：还有自己上楼能看到很多"微笑老师"，奇妙也是这样说的。

......

教师：今天通过辩论，你们发现了不少自己上楼的好处。那自己上楼有什么不好之处呢？下次我们再接着讨论哦。

解析：经过了两轮的分享过程，教师及时强化反馈，使幼儿语言的完整性明显得到提高，这一环节的分享起到了必要的梳理和提升作用。但本次辩论活动其实只出现了"自己上楼好"这一单方面的思考，为进一步提高幼儿的辩证思维，可以激发幼儿反过来想想"自己上楼有哪些不好"，来展开二次辩论。

活动二　自己上楼有哪些不好

1. 尝试从反面思考问题，敢于说出自己不一样的、真实的想法。

2. 能认真倾听同伴的观点,并及时判断自己的想法是否一样。

幼儿已有三天自主入园的经验。

1. 激发幼儿从反面思考,说说自己上楼有哪些不好。

　　教师:孩子们,现在你们自己上楼已经三天了,一定又有了一些新的想法,上次我们一起讨论了很多自己上楼的好处,那自己上楼有没有不好的地方呢?

解析:教师鼓励幼儿进行体验式表达——随着独立入园继续进行,幼儿有了更多的体验,在上次讨论的基础上,这次可以激发幼儿脱离亲子记录,直接根据自己的体验表达感受,重点也放在了从反面去思考自己上楼有什么不好。

　　石头:自己上楼没有不好的地方,自己上楼爸爸妈妈就不会累,可以早点去上班。

　　教师:那反过来想想,自己上楼难道没有不好的地方吗?

　　雨霏:我觉得自己上楼不好,因为自己上楼就见不到爸爸妈妈了。

　　止菡:我也觉得自己上楼不好,自己上楼的时候会想奶奶,会怕走错教室。

　　教师:在大家的想法都一样的时候,他们能把不一样的想法大胆说出来,这很了不起。

解析:暗示幼儿在大家想法一致时要敢于大胆说出自己不一样的想法。

2. 针对幼儿所表达的担心,继续激发幼儿讨论的欲望,鼓励幼儿认真倾听同伴的表达。

　　教师:刚才止菡就提出了一个自己上楼的不好之处——怕走错教室。那么,自己上楼会不会走错教室呢?

　　小宇:自己上楼不会走错教室,因为楼梯口有很多"微笑老师"可以帮我们。

　　教师:很有道理,谁的想法和小宇一样?

　　妍妍、奇妙举手。

　　教师:哦,妍妍、奇妙的想法是一样的,谁的不一样呢?

　　小昕:我不一样。自己上楼不会走错教室,因为有好朋友一起上楼,很快就到中三班了,我们知道要爬到三楼。

教师：哦,这也是个好办法,石头,小昕说的和你想的一样吗?

石头：我想的"自己上楼不会走错教室"跟小昕是一样的,但是我的办法不一样,我的办法是看看门上的数字就知道到几楼了。

教师：那你太厉害了,你认真听了所以知道哪儿跟她一样,哪儿跟她不一样。

解析：一对一倾听,老师通过多次问"谁的想法和××一样""谁的不一样"等,来激发幼儿认真倾听,并判断自己的想法是不是一样的。

3. 引导幼儿回顾经验,说说听到的办法。

教师：今天通过辩论我们还解决了一个小问题,你听到了哪些不走错教室的好办法?

解析：一对多倾听——通过提问"你听到了哪些不走错教室的好办法",引导幼儿从众多的言语中获取信息。

森宝：记住楼梯口的数字。

灰灰：可以找"微笑老师"帮忙。

小昕：和好朋友一起。

教师：你们认真听到了好多有用的办法——记住楼梯口的数字、找"微笑老师"帮忙、约个好朋友一起。有了这些办法以后大家的困难也就能得到解决啦。

解析：求证法——教师引导幼儿一对一倾听、一对多倾听后,请幼儿判断自己的想法是不是一样、听到了哪些不走错教室的方法,来求证幼儿是否做到了认真倾听,通过不断地使用求证法,激发并助推了幼儿坚持认真倾听的好习惯。

(山东省淄博市实验幼儿园　赵婷)

大班

有弟弟妹妹好不好

越来越多的幼儿有弟弟妹妹了,多数幼儿乐意接受,但也有的幼儿为此产生不同程度的心理焦虑。本次活动借助幼儿最为聚焦的"宝宝哭闹、宝宝乱动玩具、妈妈总是陪伴宝宝"三个问题,让幼儿通过"自由讨论——有规则地讨论——初步辩论"的过程,发展辩论语言能力,促进对"有弟弟妹妹好"的情感认同。

1. 能使用因果复句、递进复句等复杂句表述对"宝宝哭闹、宝宝乱动玩具、妈妈总是陪伴宝宝"三个问题的观点及相关理由。

2. 能恰当使用"我同意、你说得对、你说得有道理"等肯定句表示对他人观点的尊重;能使用"我不同意你"表示对他人观点的质疑,并说出理由反驳对方。

3. 感受和体会拥有弟弟妹妹带来的幸福感。

1. PPT课件《有弟弟妹妹好不好》,内容包括"有弟弟妹妹好不好"调查表;宝宝哭闹、宝宝乱动玩具、妈妈陪伴宝宝的图片三幅,幼儿和兄弟姐妹相互照顾、一起游戏的生活照片。

2. 背景音乐。

一、出示调查表,引发幼儿讨论兴趣

教师播放PPT课件,简单汇总调查情况,引发幼儿讨论的兴趣。

教师:有的小朋友认为有弟弟妹妹很好,有的认为会有一些小烦恼,比如弟弟妹妹哭闹、弟弟妹妹抢玩具、妈妈总是陪伴弟弟妹妹。

解析：三个问题都来自幼儿的现实生活，和他们的切身感受息息相关。宝宝哭闹，被视为一种外界的干扰；宝宝乱动玩具，对幼儿切身利益造成了影响；妈妈总是陪伴宝宝，直接触及了幼儿的情感、情绪。这三个问题从情感上层层推进，让幼儿有话可说。

二、逐一讨论三个问题，鼓励幼儿用因果复句、递进复句等复杂句清楚地表达自己的想法，初步尝试对同伴的看法作出回应

1. 讨论"宝宝哭闹好不好"，鼓励幼儿清晰完整地表达自己的观点和理由。

提问：宝宝总是哭，你觉得好还是不好？

天天：我觉得不好，因为很吵。

强强：我认为小宝宝哭闹不好，不但影响我睡觉，而且还影响我学习。

教师：他们在说观点的时候用上了"我觉得……""我认为……"，一听就很清楚。强强说观点的时候用上了"不但……而且……"，先说了一个理由，再说第二个理由，进一步证明他的观点，很清楚！

义义：小宝宝哭不好，这样会把嗓子哭哑，我有一次就那样，还去医院了！

教师：义义举了个例子来说明理由，听起来很有说服力。

奥奥：我认为小宝宝哭好，可以锻炼他的肺活量啊！

教师：咦？他说到了一个词"肺活量"，是什么意思？

轩轩：肺活量越大，人的声音就越洪亮。

小结：大家在说理由的时候用上了"我觉得""我认为"，说观点的时候用上了"因为……""不但……而且……"，让别人听得很明白。

解析：教师鼓励幼儿不受任何规则的限制大胆表达，旨在将幼儿的讨论置于一种轻松的氛围中，让幼儿打开话匣子。此过程中，教师不断强化表达"看法"和"理由"的关键词，帮助更多幼儿构建完整表达的范例。

2. 讨论"宝宝乱动玩具好不好"，引导幼儿完整地表述自己的看法和理由。

提问：宝宝总是乱动玩具、乱动物品，这样好不好？这次说的时候，要把看法和理由连起来、完整地说。

桐桐：我觉得小宝宝乱动玩具不好，因为小宝宝总是把玩具弄丢。

教师：她先说了观点，再说了理由，非常好！

萱萱：动玩具可以让手变得很巧妙，还可以知道那是什么东西。

教师：哇，她一次说出了两条理由。小手会变……

全体幼儿：灵活、灵巧！

教师：对了，用"灵巧"这个词更准确。萱萱的表达缺少了什么？

全体幼儿：观点。

教师：你能连起来说说看吗？

萱萱：动玩具会让小手变得灵巧，还能让我认识这个玩具，所以我觉得动玩具很好。

教师：先说理由，后说观点，这次就非常完整了！

小结：有的先说看法再说理由，有的先说理由再说看法，听起来都很完整。

解析：教师鼓励幼儿用完整的语言模式清楚、连贯地表达自己的想法，从而增强幼儿语言中"论"的色彩。

3. 讨论"妈妈总是陪伴宝宝好不好"，适时引发幼儿关注同伴的看法，并作出回应。

提问：妈妈总是陪伴宝宝，好不好呢？请大家仔细听一听别人的理由，如果他说得有道理，你就赞同他，如果他说得没有道理，你可以不同意，用你的理由来反驳他。

轩轩：我觉得爸爸妈妈光陪小宝宝不好，因为爸爸妈妈整天上班，再照顾小宝宝就更累了。

教师：有没有不同意的？可以来反驳他。

家奥：我不同意轩轩说的。如果妈妈照顾小宝宝，爸爸也上班了，我们就可以尽情地玩了，就没人管着我们了。

教师：家奥先说了"我不同意"，我们一听就知道他的观点和轩轩的不一样。

强强：我不同意家奥说的，你虽然感觉很自由，但你妈妈就不喜欢你了。

家奥：我们都是她的孩子，怎么可能不喜欢？

蓝蓝：我觉得强强说的没有道理，每个妈妈肯定都爱自己的孩子。

萌萌：我同意轩轩说的，妈妈总是照顾宝宝，就没时间陪我读书了呀！

当当：我们都长大了，可以独立做事了，自己读不就行了吗？

教师：刚才的辩论很精彩，家奥、蓝蓝在感觉别人的理由没有道理的时候，用上了"我不同意""我觉得没有道理"的说法来表达自己的观点，还说出了自己的理由来反驳别人；萌萌呢，她用上了"我同意"，表示了对别人的肯定和尊重，非常好。

小结：很多小朋友能认真听别人的发言，认为没有道理的时候还能反驳，非常好。

解析:教师根据幼儿现场的语言进行小结,重点提升对辩意识、辩论方法,引导幼儿开始关注同伴的观点,有力助推了幼儿的思维和语言,使其从"论"走向了"辩"。在这一过程中,教师要根据现场情况,及时梳理幼儿阐述的理由,并将有争议的观点提出来,适时地"煽风点火",引发幼儿进行辩论。

教师:通过大家的讨论,咱们最担心的问题也都解决了——宝宝哭是在表达他的需要;动一动玩具会让小手变灵巧、脑子变聪明;等宝宝长大一点妈妈就不用一直陪他了,就会有更多的时间来照顾哥哥姐姐了。看来有弟弟妹妹真是一件很好、很幸福的事!

解析:通过对三个问题的讨论,部分幼儿的担心与焦虑也渐渐释然,幼儿能更加理性地看待这个现实问题,对"有弟弟妹妹好"这一观点逐步趋于认同。

三、 调动幼儿的生活经验,感受兄弟姐妹相处的温暖与幸福,升华幼儿对"有弟弟妹妹好"的情感认同

1. 教师播放幼儿与兄弟姐妹相处的照片,请幼儿欣赏并介绍,感受其中的温暖与幸福。

提问:照片上有谁? 在干什么? 看到照片你有什么感受?

桐桐:第一张是我给妹妹推自行车;第二张是我喂妹妹吃饭;第三张是晚上太黑了,我扶她上楼。(图 6-2)

图 6-2　有弟弟妹妹好不好

教师:桐桐非常清楚地讲了她为妹妹做的事,很有条理。妹妹真是太幸福了!

当当:这是在海南,姐姐在给我拍照,我很开心!

教师:有姐姐疼爱,你真是太幸福了!

义义：我和弟弟在游泳，我觉得很好、很搞笑，他每天叫我"哥哥、哥哥"。

强强：我和弟弟在玩骑马游戏。可是我现在有点想哭。

教师：为什么想哭？

强强：太感动了！

教师：看到这么有爱的画面，我们都觉得很感动，我们也能感受到你很爱弟弟！

小结：有了弟弟妹妹，我们可以相互陪伴、相互照顾，真的是好温馨、好幸福呀！

2. 请幼儿说出最想对弟弟妹妹说的话。

提问：你有什么话想对弟弟妹妹说呢？

家奥：弟弟，我永远爱你！不管你有多大，我都永远爱你，我也永远帮助你！

桐桐：我的妹妹，我想把所有的幸福都给你。

明明：不管妹妹多大多小，老了还是没老，我都要陪着我妹妹！

小结：有的小朋友表达了自己对弟弟妹妹的爱，有的说出了自己的愿望，弟弟妹妹听到你们这样说，一定会觉得很幸福。看来，有个弟弟妹妹还真是一件幸福的事情呢！

解析：辩论的重点目标是语言能力的提升，但更深层次的目的却是幼儿个体的成长。教师创造了一个给幼儿表达爱、分享爱的机会，也助推幼儿对"有弟弟妹妹好"这一观点的认同，助推幼儿亲情的生发和绽放。

（山东省淄博市实验幼儿园　刘静）

大班

勇　气

设计意图

对于大班幼儿来说,小学和幼儿园的生活、学习方式有很多不同的地方,进入小学也意味着他们长大了,所以幼儿对小学生生活非常憧憬。但通过了解,我们发现幼儿对于即将成为一名小学生也有着不同的担心和焦虑。

本次活动聚焦幼儿最担心的三个问题"一个人睡觉、找不到朋友、不敢举手发言",借助"奇奇上小学"这条情境主线,通过观察人物肢体、表情等细节,识别、认识情绪,分析情绪产生的原因及面对困难的方式,鼓励幼儿大胆表达自己的经验及想法,增强幼儿的逻辑思维能力。

在为主角解决问题的过程中,增强自己解决困难的勇气,自信、愉快地迎接即将来临的小学生活。

活动目标

1. 在情境中发现问题、分析问题,并能运用自己的生活经验,帮助情境中的小朋友寻找解决问题的办法。

2. 有解决困难的勇气。

活动准备

物质准备:

1.《勇气》PPT 课件。

2. 以"我担心的……"为主题的展板。

经验准备:

幼儿事先参观过小学,了解小学与幼儿园的不同,记录下自己对于上小学所担心的事。

113

活动实录

一、出示展板，回忆经验

　　教师：上次去参观小学，参观回来之后小朋友画了对于马上要进小学所担心的事情，谁来说说，你担心的事情是什么？

　　轩：我担心的是，我和我的朋友虽然在同一个小学，但不在同一个班级。

　　教师：你担心你和朋友没有分在同一个班级。

　　宝：我担心上小学后我长大了，我和哥哥要分床睡了。

　　大：我担心不同的老师来上课，第一次见我会不认识。

　　瑶：因为我们长大了，小学都不一样，我就会没有朋友。

　　教师：害怕找不到朋友。我们每个小朋友都有许多自己担心的事情。有一个小朋友和你们一样，他也害怕这些事情。我们一起听一听。

　　解析：在有参观过小学的经验之后，让幼儿对自己担心的事进行记录，教师梳理分类后，呈现在展板上。这样做可以让幼儿对自己的经验进行回忆，同时引发幼儿讨论的兴趣，并在后续的讨论中，聚焦于几个核心的问题进行讨论。导入话题时，则采用由己及人的方式，让幼儿对下个环节奇奇的遭遇产生共鸣。

二、情景讨论，逐一讨论三个问题，鼓励幼儿完整、清楚地表达自己的想法

1. 讨论"不敢一个人睡觉"。

发现问题阶段。

　　教师：这个男孩子叫奇奇，他和你们一样，马上就要上小学了。有一天他的爸爸和妈妈对他说，奇奇，你马上就要上小学了，爸爸妈妈帮你买了一张新的小床，从今天开始你就一个人睡觉吧。到了晚上，奇奇一个人在房间里，可是他翻来覆去怎么也睡不着。

　　教师：看看奇奇遇到了什么困难？你觉得他遇到了什么困难？

　　琳：我觉得他很害怕。

　　教师：他害怕什么？

　　琳：我觉得他害怕怪物，因为我在家里也很害怕。

　　婷：我觉得他肯定是害怕一个人睡觉，因为太黑了。

　　教师：你从哪里可以看出来？

婷：他眼睛闭着的,所以看出来很害怕。

教师：你从他的表情中看出来的。

媛：我从他的手看出来的,因为他的手握成了拳头。

教师：这么小的细节你都看出来了,手握成了拳头。什么时候手握成拳头的?

媛：有点恐慌。

教师：这个词用得很好,恐慌。

轩：我从他抱着小鸡看出来的,他的手握成了拳头,而且紧紧地抱住了小鸡,他不害怕的话就不会钻进被窝里了。

教师：哦,其实你是从两个地方看出了他很害怕,一个是他紧紧地抱住小鸡,还有一个是他钻进被窝里。

荟：我发现他手心里面可能是湿的,抱着小鸡,小鸡也是湿的。

小结：嗯,对,他可能手心里也在冒汗,好紧张的。他遇到了困难,不敢一个人睡觉,非常害怕。

解析：这个环节就是通过观察、描述图片内容,帮助幼儿从自我的角度识别情绪,能完整地表述自己的想法。图片的选择非常重要,图片中幼儿害怕恐惧的模样形象生动,便于幼儿观察、发现并推测主角的情绪及产生的原因,将主角怕黑的情绪代入到自己身上。当幼儿感同身受之后,就更愿意表达自己的想法了,从而引出下个问题。在后续的环节中,幼儿也能更认真仔细地观察图片中的内容。

解决问题阶段。

教师：有什么办法可以帮助他解决这个困难?

尊：可以让他旁边再睡一个人,这样他就不害怕了。

教师：你们觉得这个方法有用吗? 为什么啊?

逸：我觉得有用,因为我晚上睡觉的时候,妈妈会先在旁边陪我一起睡,我就不害怕了。

教师：还有什么方法可以帮他解决这个困难?

琦：可以给他一个手电筒,万一他看到黑的东西可以把它吓跑,因为它怕灯。

教师：其实就是需要光,给他一束光。

恬：我觉得和图片一样,一个毛绒玩具去陪着他就可以了。

教师：有人去陪伴他,你们觉得这样可以解决困难吗? 为什么?

周：我觉得可以,睡觉前可以先给他讲故事,然后睡着了就不会害怕了。

教师：那你觉得还有什么办法可以解决他的问题？

原：可以让他的爸爸或妈妈先讲个故事，或唱歌让他睡着，然后慢慢地再离开他的房间。

飞：我有一个办法，买个小灯，爸爸妈妈哄他睡觉，等他睡着之后再出去，小灯留给他，然后他就一觉醒来了。

教师：你在家里是不是也用这个办法？

周：我家里是有一个小灯的。

教师：所以你觉得光是爸爸妈妈陪着还不够，还需要小灯，因为你在家里就是这样的。

小结：其实，我们每个人都会碰到困难，碰到困难的时候就会像他一样，很害怕、很紧张，这时候我们可以寻求别人的帮助，也可以鼓起勇气，自己试一试，相信自己是可以做到的。

解析：解决问题环节，通过提问"你觉得这个方法有用吗""这个问题解决了吗""是怎么解决的"等类似的问题，引发幼儿辩证地思考。幼儿在倾听同伴的方法的同时，教师鼓励幼儿思考这个方法的可行性，通过回忆、联系自己的生活经验，表达自己的想法。帮助幼儿初步认识到克服困难的办法就是要有勇气。

2. 讨论"找不到朋友"。

发现问题阶段。

教师：奇奇用了你们刚刚的好办法，鼓起勇气开始自己睡觉了。开学了，奇奇要上学了，他到了小学里，看到有很多小朋友在一起高兴地玩着，奇奇站在了边上。你们看看，这次奇奇碰到什么困难了？

远：没人和他玩。

朱：他觉得小朋友很陌生，不知道该怎么和他们玩。

教师：他不知道交朋友的方法。

君：我觉得是到了一个新的地方了。

教师：他换新环境了。

小结：我们可以试着帮助他解决这个问题。

解析：在这个环节中，教师通过让幼儿自由发表想法，在回应幼儿的过程中，梳理出"找不到朋友"的原因。

解决问题阶段。

教师：奇奇刚刚进入小学，找不到朋友怎么办？

国：如果找不到朋友可以做帅气的动作。

教师：你很勇敢啊，敢对着陌生人做动作。你们觉得这个方法怎么样？

轩：我觉得可以，动作帅气人家就喜欢你了。

荟：我觉得没用。因为国吸引的是男孩子，不是女孩子。女孩子不喜欢看的。

教师：哦，她勇敢地提出不同意见了，你有什么想法？

婷：叫他不要在角落里，角落里没人看得到，要在外面一点。

教师：就是要鼓起勇气，站在小朋友的面前。

小结：你们刚刚说了那么多方法都是需要勇气的，只要你能够勇敢地鼓起勇气，尝试不同的方法，就能找到新朋友了。

解析：用"做帅气的动作"为话题，引发幼儿辩论，在这个环节的开始，幼儿已经出现了意见上的冲突，幼儿之间思维相互碰撞的同时，教师将不同幼儿表达的意见串联起来，并且抛回给最初的两名幼儿，最大程度上调动了幼儿主动思考的积极性。最后教师进行小结，回到活动目标。

3. 讨论"不敢举手发言"。

分析问题阶段。

教师：奇奇知道答案，但是不敢举手，默默地撑着头坐在那里。你们找到奇奇了吗？为什么奇奇知道答案，但是不举手？

轩：我觉得他胆子很小。

教师：他是一个胆小的男孩儿。

君：我觉得老师也是新的，所以他很陌生。

教师：他怕陌生。

瑶：我觉得他害羞。

教师：他是一个害羞的男孩子。

荟：他没有勇气把自己的答案说出来。

教师：他少了点勇气。

朱：我觉得他知道答案，但是他害怕。因为老师会说他。

教师：他害怕说错之后老师说他。刚刚你们说到了，奇奇害怕说错答案，那奇奇到底在怕什么？

郭：他害怕小学的老师惩罚他。

117

教师：小学老师可能要求更高。除了老师,他还害怕什么?

轩：他害怕举手会答错,所以需要先验证一遍。

教师：他是一个想要追求稳妥一点的男孩子,要心里知道答案了才肯回答。怕自己回答得不够准确。

婷：我觉得他在家里没有复习,到了小学之后怕答错。

远：我感觉他害怕得零分。

小结：有许多不同的原因,都让奇奇感觉害怕、不敢举手。

解析：鼓励幼儿从不同的角度挖掘故事的主角不愿举手的原因,调动幼儿的思维。其实在这个过程中,幼儿也会联系自己的生活经历来进行思考。

解决问题阶段。

教师：如果你们现在是坐在下面举手的小朋友,你们可以怎么帮帮他?

婷：如果我是坐在下面的小朋友,我会讲不要怕。

教师：别的小朋友觉得,奇奇听到了会怎么样?

逸：我觉得不能说,因为上课不能随便讲话,老师看到有人上课随便讲话会批评的。

教师：那怎么办呢?

逸：可以这节课上完了,下次让他进步。

教师：可以和他说什么?

逸：下次不用怕。

教师：找一个合适的时间和他说不要害怕。还有吗?

君：告诉奇奇大胆地说出来。

教师：哦,告诉奇奇"你要胆子大一点"。小朋友没有勇气的时候,除了自己要勇敢一点,相信自己,旁边的人也可以给他一些勇气,让他更相信自己。

解析：在这个环节中,培养幼儿的同理心,鼓励幼儿站在对方的角度思考问题,是从"自我"到"他我"的尝试。

三、 讨论生活中遇到的困难,培养幼儿面对困难的勇气

教师：在生活中我们也会有害怕的事情,你害怕什么事情?是怎么解决的?

国：我害怕不喜欢做的事。

教师：什么是不喜欢做的事情?

国：我不喜欢上幼儿园的时候起得非常早,后来解决了,礼拜天的时候我就晚

点起来,平时我会早点起来。

教师:很多人都喜欢睡懒觉,然后就迟到了。你能坚持按时起床,不迟到,你是一个有勇气的人。

小结:每个人都会在生活中碰到各种各样的困难,遇到困难的时候,我们可以勇敢地面对它们,相信自己能有办法克服它们,或者寻求他人的帮助,解决的方法总是比困难多。

解析:鼓励幼儿在将来的生活、学习中都能保持乐观、积极、向上的态度,不惧怕眼前碰到的困难,有勇气直面并解决它们。

(上海市长宁区愚园路第五幼儿园 范清)

大班

动物法庭

设计意图

故事《动物法庭》围绕"狼该不该吃兔子"的话题展开,有趣的故事内容为幼儿开展辩论活动提供了生动的辩题和素材,这样一个充满争议的话题,充分调动了幼儿对兔子和狼生活习性,以及生态环境等方面的思考及探讨。"法庭"的游戏情境更加能够有效增强幼儿开展辩论活动的兴致,在双方陈述及自由辩论的情境中,发展分析、判断等批判性思维能力。

活动目标

1. 能熟练运用假设、反问等方法进行辩论,语句连贯流畅地表达自己的观点和理由。

2. 初步学习辩证地看问题,发展分析、判断等思维能力。

活动准备

1. 结合法庭辩护录像,引导幼儿了解审判长、被告律师、原告律师的主要职责。

2. 创设法庭游戏环境,包括:法官席、原告律师席、被告律师席及相应标志各 1 个,玩具法槌 1 个。

活动实录

一、带领幼儿观察模拟法庭,引发幼儿玩"法庭游戏"的兴趣

提问:这里是什么地方?谁坐在这里?

小结:审判长坐在这里审理案子;原告律师坐在原告律师席,他要帮原告讲道理;被告律师坐在被告律师席,帮被告讲道理。

解析:设置模拟法庭的游戏情境,赋予幼儿小律师的角色,能够大大激发幼儿参与活动的兴趣,并让他们明确在接下来的辩论活动中自己要做些什么。

二、 结合 PPT，引导幼儿回忆上次法庭辩论内容，自由选择游戏角色

1. 教师提问，帮助幼儿理清问题。

　　提问：《动物法庭》的故事中，谁把谁告上法庭了？原告、被告分别是谁？兔子都说了些什么？（图 6 - 3）

图 6 - 3　动物法庭

　　晨晨：大灰狼吃了我们好多的伙伴。

　　小端：兔子出门就心惊胆战的。

　　右右：我们只是吃草的，又不吃肉，不伤害别人。

　　教师：兔子说"我们整天吃草为生，从来不伤害别人。灰狼见了我们就追、咬，吃掉了我好多的小伙伴，现在我们每天都心惊胆战的"。

2. 幼儿阐述理由。

　　提问：狼说了哪些理由？

　　琪琪：如果我们不吃兔子，兔子就会把草全部吃光，草原就变成沙漠了；不吃兔子我们就会饿死。

　　雨轩：发生瘟疫的时候我们会得传染病，还会老死。

　　煊煊：我们本来就是吃肉的，不吃肉我们就饿死了！

　　教师：狼说"如果我们不吃兔子，它们就会把草全部吃光，让草地变成沙漠，影响地球环境！如果没有食物我们也会饿死、老死，发生瘟疫，还病死"。

解析：引导幼儿回忆并复述角色的语言，帮助幼儿积累丰富的语言素材，拓宽了幼儿的辩论思路。

3. 请幼儿根据自己的意愿,自主选择角色,坐到"原告律师、被告律师"席位上。

三、 引导幼儿玩"法庭"游戏,展开辩论,清楚、连贯地表达观点

1. 第一轮辩论:双方律师分别陈述观点和理由。

教师:今天我们审理的是兔子状告狼的案子,请双方小律师一起来辩论一个问题——狼该不该吃兔子? 按照法庭的惯例,首先有请原告律师说说自己的观点和理由,原告律师说完了,再请被告律师来说。

解析:先后请双方"小律师"发言,既遵循了法庭的辩论程序,又增强了活动的游戏性,让幼儿的角色意识更强。

右右:小兔子对人很温柔的,狼就会把人给吃掉。

教师:这是你的理由,那你觉得狼该不该吃兔子呢?

右右:不该吃兔子。

教师:请你把观点和理由连起来说一说。

右右:我认为狼不应该吃兔子,因为兔子是很友善的,而狼对人是不友善的,是会吃人的。

教师:这样把观点和理由连起来说,我们就听得很清楚、很明白。

解析:当幼儿表述不清楚、不完整时,教师及时追问,运用修补的策略,帮助幼儿把自己的观点和理由连贯地表述出来。

安然:狼不该吃兔子,因为狼吃兔子的话,兔子就越来越少了。

核桃:狼要是吃兔子、斑马、羊的话,草原的动物就会越来越少了,都被狼吃光了,所以我的观点是狼不应该吃兔子。

小端:我认为狼应该吃兔子,因为兔子吃草,草都被吃光了,我们的环境就全是沙子了。

悠悠:我认为狼应该吃兔子,因为它本来就是食肉动物,不吃兔子,兔子就会把草全都吃光,我们一出门,就会一脚踩进沙子里出不来。

若溪:我认为狼应该吃兔子,因为如果狼不吃兔子,就会饿死,还会病死、老死。

教师:她用了"如果……就……"这样的句子,想到了狼不吃兔子会出现的严重后果,这样听起来很有说服力。这是一种辩论的方法,叫做"假设"。你们能用这样的方法吗?

小端:如果狼不吃兔子的话,狼就会饿死的,狼就是应该吃兔子。

右右:如果狼一直吃兔子,兔子很快就会被吃光的,世界上就没有兔子了,我

还是觉得狼不应该吃兔子。

教师：你们发现了吗，小端和右右刚才都用上了"如果……就……"这种假设的方法，他们想到了狼不吃兔子，或者狼吃兔子会出现的不同情况，都说得非常有道理，让我们听得非常清楚和明白。

解析：当幼儿运用"如果……就……"这样的关联词表达观点和理由时，教师及时进行正面强化反馈，让幼儿直观感受用上关联词后语句表达的流畅，体会到运用这种方法在辩论中达到的效果。

2. 第二轮辩论：自由辩论，尝试反驳对方的观点。

教师：接下来进行自由辩论，辩论一下关键问题——狼会把兔子吃光吗？如果你发现谁的观点和理由有问题，就可以马上站起来说出理由反对他、说服他。如果你感觉他说得有道理，就可以支持他。

安然：如果狼吃兔子的话，兔子就会越来越少，兔子就会很痛苦。

煊煊：我不同意你说的，因为狼不吃兔子的话，兔子就会把草都吃光，草原就成沙漠了，不吃兔子的话，狼也会饿死啊。

核桃：我不同意，如果狼吃兔子的话，兔子就会越来越少，其他的食草动物也会越来越少，整个地球上就只剩下狼了。

教师：核桃想到了可能会出现的严重后果。真的会这样吗？

……

解析：教师适时参与其中，不断引发幼儿的质疑。

四、 请幼儿模仿"审判长"进行现场宣判

教师：狼到底该不该吃兔子呢？如果你是审判长，你会怎么宣判？

悠悠：我宣判，狼应该吃兔子。

雅琪：我宣判，狼可以吃一点兔子，但是不能把兔子吃光。

教师：审判长作出判决——狼可以吃一部分兔子，但是不要把兔子全部吃光。感谢你们帮审判长审理了一个大案件！

解析：活动最后赋予幼儿审判长的角色，继续让幼儿大胆表述自己的想法，让幼儿的辩论活动有了完满的结局。通过有趣的法庭辩论游戏，让幼儿初步懂得了维护生态平衡的重要性，引导幼儿学会辩证地看问题，有效促进幼儿分析、判断等思维能力的发展。

（山东省淄博市实验幼儿园　王艳君）

123

大班

你喜欢风吗

设计意图

大班语言活动"魔法奶奶的电话",其中有这样一个提问:"你想给谁打电话?"孩子们积极举手表达了自己的想法,正当大家描述着自己喜欢的季节时,扬扬举手说:"冬天不好,冬天北风呼呼地吹,太冷啦。还是春天好,春天的风吹得很舒服。"

扬扬的这个回答不禁让我眼前一亮,他一来解释了自己不喜欢冬天的理由,二来又水到渠成地为春天的好加了一分。繁繁立马也举手:"秋天的风不仅能吹落树叶,还很凉爽,所以我喜欢秋天。"接下来的场面大家应该可以想象,孩子们讨论的话题转移到了"风"。

孩子们谈到"风"给我们带来凉爽、能把衣服吹干。他们还描述道:春天的风是"轻"风,很温柔;冬天的风就冷飕飕的,吹着不舒服。当有人说风就像电风扇一样时,另一个孩子接住了他的话,提升到了"风力发电"……

如此看来,孩子们对看不见摸不着的"风"颇有见解,于是,我们生成了一次"你喜欢风吗"的微型辩论活动,希望通过活动,增加幼儿对风的进一步认识,在辩论中了解风的好处与坏处,更为正确地看待、利用大自然中的风。

活动目标

1. 能够说清楚自己的观点和理由。
2. 能够独立思考,大胆地对别人的观点提出自己的看法。
3. 通过对"风"的进一步认知,关注人与"风"的关系,思考如何利用"风"。

活动准备

1. 物质准备:乒乓球,吹风机(用于做小实验);幼儿自制的关于风的图片;黑板两块,其中一块贴有笑脸和哭脸标志(用于分类梳理)。

2. 经验准备:

（1）幼儿和家长一起收集的关于"风"的各种信息（用绘画或剪贴图片的方法记录）。

我找到的"风"

风是怎么形成的?	
风有哪些种类?	
风为我们的生活带来了什么?	
其他	

（2）幼儿对"辩论"的规则有所了解。

一、讨论导入环节——吹风机小实验

教师拿一个吹风机对着乒乓球吹,一边做实验,一边问:乒乓球为什么没有掉下来?

繁:有风吹着它,不让它掉下来。

教师:风是怎么形成的呢?

思:机器里吹出来的。

肖:是热空气遇到了冷空气,就形成了风。

教师:你能够用科学的方法解释刚才老师的实验,真厉害!

教师:那么你们能制造出"风"吗?

薇:你把手放在嘴巴前,呼——(吹气)这样就有风了。

陆:(双手上下摇晃)还有这样。

教师:扇扇子的动作,能够产生风。

解析:首先,通过小实验,激发大班幼儿对实验现象的思考,从而引出今天的主角"风"。其次,说一说"风的形成",并用自己的身体部位探索"风的产生",让幼儿在试一试的过程中验证了对风的形成的认知,这样的引入加深了幼儿对"风"的兴趣,激发幼儿积极主动地参与后面的环节。

二、深度思考环节——论一论,辩一辩

教师:你们都用画画的方式表达了你们对风的感受。你喜欢风吗?（图6-4）

艺:我喜欢风,有风的时候可以放风筝,风还可以发电。（图6-5、图6-6）

教师:她一下子说了风的两个好处。

125

图 6-4　你喜欢风吗

图 6-5　你喜欢风吗　　　　图 6-6　你喜欢风吗

宇：我不喜欢风,龙卷风会把我们的房子摧毁。(图 6-7)

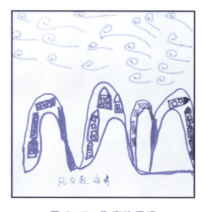

图 6-7　你喜欢风吗

萱：还会产生海啸。

教师：也就是说，风会产生破坏。

辰：风还会把火越吹越大，新闻你们看了吗？森林大火。（图6-8）

图6-8　你喜欢风吗

凡：我不喜欢风，风会把土一层一层地叠起来，变成沙漠。（图6-9）

图6-9　你喜欢风吗

繁：如果这个地方是沙漠的话，风一来，就会出现沙尘暴。

思：我喜欢风。

教师：为什么呢？

思：风可以让水流动，原本干燥的地方就不干燥了。我还有一个理由，风可以让空气流动，这样空气可以更好、更新鲜。

教师：她的第一条理由你们听懂了吗？

扬：风可以把云吹过来，这样干燥的地方就不再干燥了，因为云来了会下雨。

（图6-10）

127

图 6-10 你喜欢风吗

教师：确实，风能够带来气候上的变化。

云：我也是喜欢风的，它可以让飞机顺路飞，这样就飞得很快。（图 6-11）

图 6-11 你喜欢风吗

教师：顺着风飞行，就能飞得快。除了飞机，风还能帮谁飞得快？

辰：还有轮船。（图 6-12）

图 6-12 你喜欢风吗

教师：没错，风有推动、助力的作用。

凡：大风就不行，航班会取消的。

宇：还有，如果风很大的话，你正在玩风筝，那么大风会把风筝线吹断。

教师：这样看来，风又像是来捣乱的，起到了破坏的作用。

文：我不喜欢风，风会吹坏田里的庄稼。

玫：对的，农民伯伯刚种好的庄稼，都给吹倒了。

凡：本来农民伯伯靠这个赚钱的，现在都卖不了钱了。

薇：我觉得风很神奇，它能把牛肉变成风干牛肉。（图 6-13）

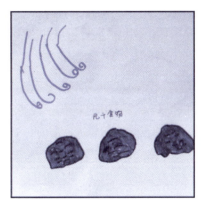

图 6-13　你喜欢风吗

教师：风还能风干食物。除了风干牛肉，风还可以风干什么？你们有吃过吗？

清：地瓜条。

扬：鱼干。

教师：原来风还能制造一些美味的食物。

解析：辩论的环节，使幼儿对"风"的零散、无序的经验"意义化"，不同幼儿的理由表述，使彼此的原有经验不断被刺激、被充实，多方位、多角度地感知"风"对我们的生活带来的各种影响。本环节通过图片呈现幼儿的观点，使风与生活的联系更为形象化，通过"亮"观点和"驳"观点，促进了生生互动。既要对自己的观点进行阐述，又要对他人的观点进行思考，作出进一步的判断，或否定、或补充，这发展了幼儿的思辨能力。

三、解决问题环节——想一想，说一说

教师：风给人们的生活带来了各种好处，当然也有坏处，那么，有没有办法让造成破坏的风变成对我们有帮助的风呢？

图 6-14　你喜欢风吗

云：把逆风改成顺风，就能轻松一点。

教师：非常棒，也就是说我们要找对风的方向，加以利用。所以我们要有判断风向的能力。

繁：如果明天要拆房子了，可以让龙卷风帮忙把房子吹倒。

教师：这个想法很奇特，不过要注意安全，毕竟龙卷风还是有点厉害的。

艺：我还想到一个，风能把火越吹越大，我们就能吃烧烤了。

教师：看来你很有经验啊，利用了风的力量。

萱：我觉得不要在森林里吃烧烤，不然着火了怎么办。

教师：风，有时候确实帮助到我们了，但有时候，又总是搞破坏。你们刚才不停地在想如何改变风，相信以后会有更多的好主意！

解析：从信息收集到观点阐述和倾听，相信幼儿对"风"带来的影响的认识越来越完整。本环节通过提问，引导幼儿进一步思考我们该如何利用"风"，化解"风"给我们带来的坏处，使其更好地帮助我们的生活。这也是观察幼儿的解决问题能力的环节之一。

（上海"儿童世界"基金会长宁幼儿园　杨嫣）

大班

冬天好还是夏天好

设计意图

"冬天好还是夏天好"这节活动的素材来源于大班主题"春夏和秋冬",在主题的推进过程中,我们基于幼儿对于四季的现有经验不断地与他们进行沟通、对话,最终,我们共同选出了幼儿感兴趣的话题:冬天好还是夏天好。

由于是第一次开展这样的辩论活动,为了更好地引发幼儿的参与兴趣,我们将活动形式调整为"辩论游戏",用更加低结构化的方式开展,希望通过这个活动,发展幼儿的语言表达能力以及思维能力,并促进幼儿学习品质及综合能力的发展。同时,也希望通过这次活动体验,让幼儿对于四季有更多的了解,明白每个季节都有各自的特点,引发幼儿对于生活的反思能力。

活动目标

1. 能大胆清楚地表述喜欢夏天或冬天的观点和理由,并对辩论活动感兴趣。
2. 能够仔细倾听、理解对方的语意,并能给予恰当的回应。
3. 能遵守轮流发言、举手示意、有序回答等基本的辩论规则。

活动准备

1. 物质准备:黑板,椅子 12 张;1—6 号辩手号码 2 套;冬天和夏天的图片各 1 张。

2. 经验准备:在班级中已经玩过辩论游戏,简单了解辩论的基本过程;初步了解冬天和夏天的基本特征。

活动实录

一、 引出辩题,激发幼儿辩论的兴趣

幼儿入场,按观点及序号分别入座"夏天"队和"冬天"队。

二、辩论赛

第一场辩论：轮流发言。

在这一环节中，幼儿需要提前收集相关信息来证明自己的观点，进行自由阐述。遵守辩论游戏的规则——轮流讲述自己的观点，并且语言连贯、有序；学会倾听，尝试从对方的观点中发现问题，为后续的反驳做好准备。

教师：接下来，我们进入第一个环节——轮流讲述，你们知道轮流讲述都有哪些规则吗？

冬2：就是1号先说，2号再说，然后是3号、4号……

教师：你想说的是按照选手的编号顺序，一个接着一个说，对吗？还有谁来说一说？

夏3：要等到老师请你，才可以说。

教师：对的，发言之前要举手，这是回答问题的规则，还有吗？

冬4：冬天1号说，再夏天1号说，再冬天2号说，再夏天2号说……

教师：老师再来补充一下，假如冬天队先说，那我们冬天队的所有人全部讲完，然后是夏天队的选手一个接着一个讲。哪个队先说呀？有什么办法决定顺序呢？

幼儿：剪刀石头布。

教师：嗯，剪刀石头布是个办法，但是今天为了节约时间，我们就请双方1号选手起立来猜拳吧，获胜的队伍首先来讲述。

冬1：我喜欢冬天是因为冬天可以打雪仗、堆雪人。

教师：理由很清楚，真棒。接下来的选手请接上。

冬2：我喜欢冬天是因为冬天有元旦节，元旦是一年的开始，一元复始，万象更新。

冬3：我觉得冬天好是因为冬天可以驱除害虫。

教师：嗯，你的理由很特别。

冬4：我喜欢冬天，是因为冬天的太阳很温暖，不像夏天的太阳火辣辣的，把我的皮肤都晒伤了。

　　　……

教师：你们说得真好，也很清楚，下次说话语速可以再慢一点哦，让大家都能听得清楚。好的，冬天队已经轮流说明了自己的理由，现在轮到了夏天队，从夏天队1号开始。

夏1：我觉得夏天好是因为夏天有很多蔬菜水果,西瓜、葡萄、哈密瓜,还可以吃冰激凌。

夏2：我喜欢夏天,因为夏天可以钓鱼、捉昆虫、游泳,到了夜晚可以看到萤火虫在树林里飞舞,一闪一闪的好漂亮,可以在沙滩上玩沙堡,如果玩热了还可以到水里游泳,到水上乐园去玩滑梯,打水仗……

教师：哇!你一下子说了这么多理由,真厉害!我也要表扬冬天队的小朋友,他们在认认真真地听。

夏3：我觉得夏天好,是因为夏天晚上可以开篝火晚会。

……

教师：哦,夏天的夜晚也有别样的乐趣对吗?刚刚我们所有的小朋友都说了自己已经准备好的观点,我们也认真听了对方说的观点,还有没有什么要补充的地方?

冬1：我觉得冬天好是因为冬天还可以看梅花。

教师：我觉得你们都准备得特别充分,而且每位选手在倾听别人观点时,也非常认真,那接下来,我们就要进入第二环节啦!

解析：开始时,教师让幼儿自己来说一说游戏的规则,是为了更好地帮助幼儿了解游戏规则,同时,在过程中,教师也会反复提醒幼儿要听清楚对方队伍讲述的理由,其实也是为了帮助幼儿能够回忆起之前每位选手介绍的理由,为后续的反驳作准备。

第二场辩论：自由辩论。

这一环节中,引导幼儿仔细倾听,关注对方观点中的问题,并提出反驳,从另一层面来讲,也就是鼓励幼儿"发现问题、解决问题"。

教师：接下来我们进行第二轮游戏,自由辩论。

教师：这个游戏的规则是什么,大胆地说一说。

冬5：自由辩论的意思是自己说一个关于喜欢冬天的理由,还可以反驳对方的理由。

教师：他刚才说到的关键词是什么呀?

夏2：反驳对方。

教师：对的,你还可以去反驳对方的观点,所以这对你的倾听是个很大的考验。

133

夏6：我觉得夏天的好处是太阳可以杀灭细菌。

冬4：但是夏天的蚊子很多呀，蚊子叮人很痒的。

夏6：如果蚊子多，买一个杀虫的东西就好了呀。

教师：是呀，杀虫剂买来喷一喷就没有蚊子了呀。

教师：刚刚冬天队说夏天蚊虫多，夏天队说蚊虫多我们有杀虫剂，这个话题我们继续讨论。

冬1：被蚊子咬了之后涂花露水，花露水里的酒精对身体不好。

夏3：你可以进门之前喷一点在房子里，然后开窗把蚊子赶走就好了。

夏1：还可以用苍蝇拍赶蚊子。

……

教师：今天我们的讨论非常激烈，大家从各个方面表达了自己的观点，在这个过程中我要表扬每一个孩子，不仅听得很仔细，说得也很大声，特别棒！今天我们就先说到这里，我相信你们还有各种各样不同的观点，下次我们再来说一说好吗？冬天也好，夏天也好，每一个季节都有好玩的地方，也会有一些问题，但是正因为这样，我们的生活才更加精彩，对不对？希望你们无论是在冬天还是夏天，都能开心地去享受每一天！

解析：在自由辩论的过程中，幼儿的观点很容易被转移，所以教师需要及时地把他们的思路拉回来，把控现场辩论的节奏。

134

（上海市长宁区仙霞路第一幼儿园　李嘉波）

大班

好消息，坏消息

设计意图

《好消息，坏消息》是一个非常有趣的故事，诙谐、幽默之中充满了生活哲理。故事以兔子邀请老鼠野餐的好消息开始，之后在一次次好消息与坏消息之间转换，最终以老鼠邀请兔子野餐的好消息结束。大班幼儿都有自己的好朋友，在生活中也会遇到各种各样的好消息和坏消息。《好消息，坏消息》中每一个故事画面都有着丰富的信息，幼儿观察的角度不同，则想法不同。通过观察画面，幼儿大胆表达自己对画面的猜测和想法，在辩论与质疑中，不仅提高了语言和思维能力的发展，也逐步学会以积极心态面对各种问题。

活动目标

1. 观察画面，能清晰完整地表达自己对画面的理解。
2. 尝试辩证地看待问题，提高概括和发散、分析和判断等思维品质。
3. 用积极的心态面对困境。

活动准备

1. 物质准备：PPT、故事图片、黑板、笑脸和哭脸的贴纸。
2. 经验准备：幼儿在生活中遇到过好消息和坏消息。

活动实录

一、引出话题——激发兴趣

教师：今天我要和你们一起来听一个有趣的故事，故事的名字叫《好消息，坏消息》。想一想，什么是好消息，什么是坏消息？

幼1：好消息就是一些好事情。

教师：对的，好消息就是好事情，好事情会给你带来什么样的感受？

幼 2：开心。

教师：开心的事情是好消息，那什么事情是坏消息呢？

幼 3：不好的事情。

教师：不好的事情会给你带来什么样的感受？

全体幼儿：生气。

教师：开心的事情对你们来说是好消息，不开心的事情对你们来说是坏消息。你们在生活中遇到过哪些好消息或者坏消息呢？

幼 5：我的坏消息是我的妈妈和爸爸天天在家里对我很凶。

教师：爸爸妈妈对你很凶，你的心情怎么样？

幼 5：很难过。

教师：爸爸妈妈对你很凶，你很难过，是一个坏消息。

幼 6：我觉得坏消息是有台风会来。

教师：有台风为什么对你来说是一个坏消息？会对你造成什么不方便的地方吗？

幼 6：如果是很厉害的台风的话，会把我们家都吹掉的，我们人都没地方住了。

教师：所以对你来说是一个坏消息。还有吗？都是坏消息吗？

幼 8：我的好消息是妈妈给我生了一个可爱的小弟弟。

教师：哦，有一个小弟弟陪你玩了，是一个好消息。

教师：我们待会儿可以继续讨论。

解析：通过"什么是好/坏消息？""好/坏消息会给你带来什么样的感受？"的提问，提升幼儿的思维、概括能力。通过请幼儿回忆自己遇到的好/坏消息，提升幼儿的发散思维能力。这些关于已有生活经验的提问，为幼儿打开了话匣子，也为后面的讨论进行了预热。

二、初步观察画面——小组讨论对图片的不同理解

教师：今天这个故事是关于兔子和老鼠这一对好朋友的，你们想不想知道它们发生了什么事情？待会儿请你们四人一组到后面的桌子边去仔细看一看每一张故事图片。看一看发生了什么事情？有哪些好消息和坏消息？要说出和好朋友不一样的想法。听明白了就轻轻地走上台阶。

解析：四张图片，1.一眼看上去好消息较多的画面——兔子翻野餐篮，老鼠准备吃苹果；2.一眼看上去坏消息较多的画面——苹果掉落在老鼠头上；3.很难一眼分辨是好消息还是坏消息的画面——兔子与老鼠身上都涂满了草莓酱；4.坏消息中有好消息的画面——老

鼠和伞被吹走,兔子在张望的画面。

三、观察有争议画面——辩论什么是好消息,什么是坏消息

教师:那我们先来说一说第一张。发生了什么事情,你觉得是好消息还是坏消息?

幼1:好消息。

教师:你觉得是好消息,为什么?

幼1:因为兔子想吃蛋糕,老鼠也想吃。

教师:有蛋糕吃,这是一个好消息对吗?有没有不一样的想法?

幼2:它们去野餐是一个好消息,但是天下雨了……

教师:所以呢?

幼2:是一个坏消息。

教师:所以你说了一个好消息和一个坏消息。

幼7:老鼠想要吃蛋糕,兔子也想要吃蛋糕,但是它们一人吃半个不够,所以我觉得是个坏消息。

教师:你觉得它们一人分了一半没有吃饱,有可能是一个坏消息。

教师:看,同一张故事图片,每个人都有不一样的想法,有人觉得是好消息,有人觉得是坏消息。

教师:那我们来看看第二张图片。

幼1:苹果掉下来砸到老鼠头上去了。

教师:所以这是一个……

幼1:坏消息。

教师:你觉得这是一个坏消息。谁来说说跟别人不一样的想法?或者有没有不同意的地方?

幼2:雨大了,风越来越大,它们野餐的东西都飞出去了。

教师:所以这是一个……

幼2:坏消息。

教师:你也觉得这是一个坏消息。好像一眼看上去确实是一个坏消息,仔细看一看,有没有不一样的想法?

幼3:我觉得这可能是一个好消息。因为苹果掉下来,它们就可以吃苹果了。

教师:你觉得掉下来的苹果正好可以吃,这是一个好消息。有可能的,有人不

同意吗?

幼4:苹果从树上掉下来,砸坏了。

教师:你觉得掉下来的苹果可能砸坏了,仔细看一眼,有没有被砸坏的苹果?

教师:一些你们一眼看上去觉得很糟糕的坏消息,有时换一个角度来看,它也会变成好消息。

教师:接下来我要考考你们,听清楚我的问题,这一次的问题跟前两次不一样,请你们在第三张故事图片里找到好消息。想一想再说哦。

幼1:他们的食物被吹了,篮子里不是还有吗?

教师:食物被吹了没关系,篮子里还有好吃的,这是好消息。

幼2:它被吹走了,但是它在高处就可以看到下面的风景。

教师:谁可以看见下面的风景?

幼2:老鼠。

教师:哦,站得高可以看得远,这是一个好消息。还有吗?

幼3:兔子旁边有一个洞,然后兔子可以钻到洞里去。

教师:它为什么要钻到洞里去?

幼3:因为风太大了。

教师:风太大,兔子可以钻到洞里躲雨。这是一个好消息。

教师:刚才你们都说了很多有趣的想法,我们一起来看一看、听一听今天兔子和老鼠究竟遇到了哪些事情,它们是如何看待好消息和坏消息的?

解析:在这一环节中,让幼儿充分地表达自己想法,并鼓励他们在认真倾听完同伴想法后提出不同建议、想法,让幼儿感受到好消息和坏消息之间是可以转换的。

四、欣赏故事——学会积极面对困境

教师:(讲述故事)兔子会说什么呢? 如果你是兔子的话,这个时候你会对老鼠说什么?

幼2:兔子说,谢谢老鼠,你给我带来了好吃的草莓酱。

教师:兔子会谢谢老鼠。还有吗?

幼3:我有一个坏消息,因为上面是蜜蜂。

教师:你可能猜到了后面会发生的事情。你们的眼睛都观察到了树上面有什么?

全体幼儿:蜂窝。

教师：所以我来问问你们，接下来兔子和老鼠还会遇到什么好消息或者坏消息？

幼6：万一蜂窝没挂紧，会掉到老鼠头上，许多蜜蜂会出来。

教师：你觉得它们接下来会遇到许多许多的蜜蜂，这是一个坏消息。

教师：有机会你们去看一看这本故事书，不过我觉得你们的想法可能会比故事里原来的结局更精彩。故事讲到这里，老鼠和兔子你更喜欢谁？为什么？

幼9：我喜欢兔子，因为兔子很聪明，很细心。

教师：聪明，细心体现在哪里？

幼9：聪明体现在它用很多办法解决了老鼠的困难，细心体现在兔子帮助了好朋友。

教师：帮助好朋友很细心，想办法解决问题很聪明。

教师：刚才你们说了许多生活中遇到的坏消息，听了这个故事后，如果下一次再遇到同样的坏消息，你会如何面对呢？

幼1：向兔子学习，会用各种武器或者想办法解决一些困难。

教师：像兔子一样解决问题。如果我们遇到坏消息，没有关系，像兔子一样积极地面对，想办法解决，也许这个坏消息就会变成好消息。

解析：教师讲述部分故事，但并没有出示任何有关好、坏消息的文字，只是通过故事帮助幼儿理解好消息与坏消息之间的转换，体现了看待事情的心态和角度，我们应该像兔子一样去寻找解决问题的方法。幼儿显然会明白，面对糟糕的坏消息，像兔子一样积极面对，想办法解决才是有效的。

（上海市长宁区紫云路第一幼儿园　冯逸超）

大班

米歇尔，一只倒霉的羊

设计意图

《米歇尔，一只倒霉的羊》讲述了绵羊米歇尔认为自己是世界上最倒霉的羊，倒霉的事情总是只发生在他的身上。他感到自己早已被幸福所遗忘，幸福永远属于别的羊群、别的动物。其实，它只是没有发现，有一份与众不同的幸福一直在它的身边。故事情节简单，内容蕴含深意，适合大班幼儿阅读并展开思考。本活动通过多次的观察、阅读、分析，引导幼儿去发现看似倒霉的米歇尔背后的幸运，提升幼儿观察画面细节和分析比较画面信息的能力。

活动目标

1. 理解故事内容，观察、发现、分析画面中的隐藏信息。

2. 从多角度分析故事情节，感受事物的两面性。

3. 学会以积极乐观的心态去发现生活中的小幸运。

活动准备

《米歇尔，一只倒霉的羊》PPT 课件，选取了部分画面的小图书。

活动实录

一、谈话导入，引出问题

教师展示《米歇尔，一只倒霉的羊》绘本封面，圈出关键词"倒霉"，询问幼儿是否知道倒霉是什么意思。告知幼儿，米歇尔最爱两样东西：树莓和像绵羊一样的云朵。请幼儿猜一猜，这只叫作米歇尔的羊为什么说自己倒霉？它可能会遇到哪些倒霉事？

教师：今天带来的这个故事是《米歇尔，一只倒霉的羊》。你们知道倒霉是什么意思吗？

幼1：倒霉就是要做什么事情，结果忘带了什么东西要回去拿。

教师：听明白了，想做的事情没做成是你理解的倒霉。

幼2：倒霉就是他想和这个人做朋友，但是这个人不想和他做朋友。

教师：想交朋友没交到是你理解的倒霉。

幼3：我要乘地铁，但是地铁已经开走了。

教师：没赶上车是你理解的倒霉。看来倒霉就是运气不太好，想做的事情做不成，遇到了一些不太好的事情。

全体幼儿：是！

教师：告诉你们哦，今天的主人公米歇尔最爱两样东西，分别是树莓和长得像绵羊一样的云朵。想一想，这只叫作米歇尔的羊为什么会觉得倒霉呢？它可能遇到了一些什么事？

幼4：我猜它吃不到喜欢的树莓了。

幼1：它走到树边发现树莓都被吃掉了。

幼5：我觉得是因为白云在天上，它拿不下来。

教师：你们的猜测都有些道理。那么，我们一起来看一看，米歇尔是不是像你们猜测的一样倒霉。

解析：从绘本的名字直接切入，发现大部分幼儿都能感受倒霉的意思，部分幼儿也能用语言表述倒霉就是运气不太好，遇到了不好的事情。围绕倒霉这个关键词，教师给出米歇尔最爱的两样东西作为提示，引导幼儿在猜测故事情节的同时可以根据提示展开更加合理的想象。对幼儿所猜测、联想的内容，教师给予肯定并将讨论的中心词一直锁定在"倒霉"上，为之后的情节反转做铺垫。

二、共同阅读，提出问题

教师：仔细看这三幅图片（图一：淋雨；图二：溜冰；图三：摔进粪坑），你们觉得米歇尔倒霉吗？为什么？

幼6：第一幅图，我看见它来晚了，大伙都已经在树下面了。

教师：米歇尔在干什么？

幼1：下雨了，它的伙伴们都在躲雨，没有它的位置了。

幼7：其他羊都在大树下，米歇尔在淋雨。

教师：倒霉吗？

全体幼儿：倒霉！

幼8：第三幅图，它摔了，然后掉在泥坑里了。

教师：告诉你哦，比摔在泥坑里还要惨，它摔在粪坑里。

幼1：第二幅图别人都去洗澡了，它来晚了。

教师：是洗澡吗？再看看。

幼4：湖面结冰了，羊要去滑冰。

幼5：米歇尔挤不进去，都被霸占了。

教师：就像你们刚才说的，想玩的东西玩不到了，倒霉吗？

全体幼儿：倒霉。

三、自主阅读，比较问题

幼儿自主阅读小图书中的几幅画面：在悬崖边、淋雨、溜冰、遇到牧羊犬、掉队、摔进粪坑。看一看米歇尔还遇到了一些什么倒霉事，说一说自己觉得哪件事是其中最倒霉的。

四、再次阅读，质疑问题

再次阅读完整故事后，请幼儿逐一分析自己所看到的故事中米歇尔所不了解的部分，通过观察细节，分析米歇尔所不知道的幸运。

教师：（播放掉队的图片）刚才我们看到，它的倒霉是找不到同伴，迷路了，你们发现了故事隐藏的部分吗？什么事情是米歇尔不知道的？

幼3：是一辆车，把它的同伴全都运走了。

幼5：如果它去了它就倒霉了。

教师：好像米歇尔有一点幸运哦。因为它掉队了，才没有和它的同伴一起被运走。（随后播放遇到牧羊犬的图片）

幼2：我觉得牧羊犬追着它，它不倒霉了。

教师：刚才我们看到牧羊犬在追米歇尔，而且树好像要……

全体幼儿：倒了。

幼4：树都倒了。

教师：如果牧羊犬没有追米歇尔，米歇尔跑进了树林……

幼3：米歇尔也会被树给压住。

教师：因为没有跑进树林躲过了一劫，你觉得米歇尔是倒霉还是幸运呀？

全体幼儿：幸运！

教师播放米歇尔摔进粪坑的图片。

教师：还有你们都没说到的第六个小故事。摔进粪坑，想想都倒霉。

幼2：后面有个大灰狼诶！

幼7：对，后面有个大灰狼。

教师：那米歇尔所不知道的事情是什么？

幼7：它后面有个大灰狼。

幼1：要吃米歇尔。

教师：因为它摔进了粪坑，所以……

幼7：那个大灰狼觉得它好臭，就跑了。

教师：看来，米歇尔并不是一只倒霉的羊，因为，看起来倒霉的事情却给了它很大的幸运，只是它自己没有发现这些事件中幸运的部分。

解析：在这一环节中，更加注重幼儿对画面细节的观察与分析，对画面进行比较深度的解读，从而分析出看似倒霉的事情背后所蕴藏的幸运，使幼儿感受事物的两面性。

五、联系生活，拓展问题

请幼儿联系自己的实际生活，聊一聊自己遇到的既倒霉却又幸运的事，发现生活中的小幸运。

教师：你们在生活中有没有遇到过这种看似倒霉，不过也有点幸运的事情。或者你有没有遇到过特别倒霉的事情，我们来帮你找一找其中幸运的部分。

幼4：我早上去外面吃饭的时候，我想吃鸡翅，妈妈不同意。

幼7：你不吃鸡翅的话，身体会好一点。

幼9：我想吃好吃的樱桃吃不到。

教师：因为什么原因吃不到啊？

幼9：妈妈不给我买。

幼1：吃太多水果中饭可能就会吃不下了。

……

解析：在这一环节中，无论是幼儿说出自己的例子还是帮助其他幼儿发现幸运的部分，都在潜移默化中促使幼儿之后面对事情采取积极的态度。

（上海市长宁区天山幼儿园　林天翔）

大班

城市好还是乡村好

**设计意图**

《城市老鼠和乡村老鼠》是一个非常经典的故事,内容生动有趣,深得幼儿的喜爱。大班幼儿对于故事中城市和乡村两个不同的地理区域是比较熟悉的。本活动激发幼儿"我想说"和"我要说",根据自己的生活经验表达出自己的观点及理由;通过充分地倾听、教师的梳理和提升,引发幼儿产生不同的想法,自然产生辩论的行为,针对同一个问题尝试多角度思考,并对同伴的观点进行补充或反驳,积累初步的辩论技巧,对辩论活动产生一定的兴趣。

**活动目标**

1. 能够用清晰的语言表述自己的观点,在倾听同伴的观点后尝试反驳。
2. 能够针对同一个问题尝试进行多角度思考,学习比较客观地看待一件事。
3. 能够尊重他人的观点,对辩论活动感兴趣。

**活动准备**

材料准备:课件 PPT;幼儿可能提到的内容的图片;针对图片进行归纳后的符号记录;空白记录纸。

经验准备:回忆以往去农村玩的经历。

**活动实录**

一、故事导入

引导幼儿通过简单的画面比较,运用已有的经验,阐述城市与乡村的明显区别,教师由此了解幼儿的已有经验,为辩论活动打下基础。

教师:(出示图画书扉页上的两张照片)看看图片,哪一只是城市老鼠,哪一只是乡村老鼠?为什么?

幼1：我觉得上面一只是城市老鼠，下面一只是乡村老鼠。

教师：理由呢？

解析：追问帮助幼儿能够清晰地表达自己的理由。

幼1：因为城市老鼠旁边有饼干、果酱和蛋糕，乡村老鼠旁边都是稻谷。

教师：可以根据环境和食物判断出。

教师：你们觉得城市老鼠和乡村老鼠更喜欢生活在哪里？为什么？

幼2：自己的家。

教师：为什么呢？

幼3：自己家的食物比别人家的好吃。

幼4：因为他们都习惯了。

二、论与辩：我喜欢城市还是喜欢乡村

（一）论：喜欢城市还是乡村

教师：你喜欢城市还是乡村？为什么？

幼3：我喜欢城市。城市里面可以买冰淇淋吃。

教师：他从吃的方面说出喜欢城市的理由，有好吃的。

幼4：我喜欢城市，因为有很多著名的房子。

教师：有高大的建筑。

幼1：我老家就是乡村的，那里有很多新鲜的蔬菜。

教师：乡村也有好吃的。

解析：这个阶段的目的是明确讨论的内容，亮明自己的观点。

（二）辩：城市好还是乡村好

1. 不限定内容辩论。

教师：到底是城市好还是乡村好呢？

幼5：乡村好，和好朋友一起去玩很开心，地方很大可以跑。

幼6：我喜欢城市，那里有很多好玩的，也可以吃很多东西，还可以买东西。

幼1：我老家的蔬菜新鲜好吃，城市里买不到。

幼7：乡村好，没有那么多高房子，地震也不怕了。

幼4：城市里的房子高，很多人都要来参观。

幼8：我两个都喜欢。是因为城市房子大一点；乡村我爷爷奶奶种田的地方，我可以帮他们拔草种菜，还有很多好吃的。

145

教师：两个地方都喜欢是因为它们各有各的好的地方。

幼9：我不同意（幼5），城市有很多好玩的地方，有游乐园；好吃的也比乡村好。

幼10：我喜欢乡村的理由是因为那里有太阳，多晒太阳身体好；那里空气也比城市好。

教师：为什么那里空气好呢？

幼2：我知道，那里树多，山上全是树，所以空气比城市好。

幼6：我看到城市也有很多植物，马路边都是树，花也很多、很漂亮。我还觉得城市的马路又宽又大，很多车可以开，乡村马路很小很小，汽车开过来很危险的。

教师：他用了对比的方法，说清了城市的马路比乡村的马路好。

幼7：我也同意（幼6），城市马路又干净又整齐。

解析：这一阶段鼓励幼儿说自己的理由，倾听别人的想法，拓宽思维的广度。

2. 针对同一个问题辩论。

教师：刚刚都说到了树，有人说城市的植物好，有人说乡村的植物好，那我们现在专门辩论一下，到底哪里的植物更好呢？

幼2：乡村有好多花看上去很漂亮。

幼5：城市，可以在公园里看花。

教师：乡村也可以看花，那有什么不同呢。

幼5：不一样。

幼2：乡村的花，在门口就能看到；城市的花，要走到公园去看。

教师：从便捷性来说，在乡村更方便看到花。

幼7：可我们城市马路边有花园，也是出门就能看到。

幼5：城市里的花种得很整齐的，还专门有工人叔叔维护的，不像乡村是随便长的。

教师：维护植物的工作人员叫园丁。

幼1：乡村的花、树就是到处长，所以空气才好，空气好所以我们去玩的人也会多。

教师：从数量上来说，植物多会让空气好，也会让很多人去郊游。

幼9：我家里爷爷也自己种花，空气也好的，不用到乡村。

解析：追问帮助幼儿对植物的话题进一步思考，充分表达理由，培养思考的深度。

三、小结提升——客观思考的萌发

小结：城市和乡村各自都有优点，城市更加现代化，科学为我们的生活带来了很大的便利；而乡村的生活更加贴近自然，会让人心情愉悦。不同的生活环境能给我们带来不一样的快乐。

解析：教师可以肯定幼儿们的辩论行为和阐述的观点，不作太多的价值判断。主要鼓励他们在思考的过程中，不仅要学会尊重对方的想法，对同一事物还可以从不同角度开展客观思考，让幼儿感受到辩论活动中的客观性。

（上海市长宁区虹城幼儿园　茅端）

第七章

学前儿童
自主式辩论
教育实践

第七章　学前儿童自主式辩论教育实践

所谓自主,是指自己作主,不受别人支配。在心理学中,自主就是遇事有主见,能对自己的行为负责。因此,自主式辩论活动是指幼儿自主发起并自行组织的、围绕感兴趣的辩题进行的口语辩驳活动。继自发辩论和自觉辩论之后,学前儿童已经养成了辩论的意识,开始有目的性地进行自主辩论活动。该活动是建立在丰富的辩论经验之上的,对幼儿的要求非常高,所以一般在有辩论经验的大班幼儿中才能开展。

本章一共收录了 8 个活动,其中涉及"认识自我"的话题有:"能不能选自己当主持人""'乖乖的、一模一样'好,还是'调皮的、与众不同'好"和"学特长好不好"。涉及"认识社会"的话题有:"大声说话好不好"和"高速路好还是普通路好"。涉及"认识自然"的话题有:"白羊染发好不好""秋天好还是春天好"和"猴子生活在动物园里好,还是森林里好"。

表 7‑1　自主式辩论活动汇总表

序号	活动名称	年龄段	涉及的主题
1	能不能选自己当主持人	大班	认识自我
2	"乖乖的、一模一样"好,还是"调皮的、与众不同"好	大班	
3	学特长好不好	大班	
4	大声说话好不好	大班	认识社会
5	高速路好还是普通路好	大班	
6	白羊染发好不好	大班	认识自然
7	秋天好还是春天好	大班	
8	猴子生活在动物园里好,还是森林里好	大班	

大班

能不能选自己当主持人

辩题来源于幼儿游戏时的自由聊天,幼儿有辩论经验,知道在辩论游戏中主持人有主导作用,并愿意选自己当主持人,但他们又非常在意朋友的看法,因此犹豫不决。鉴于幼儿当下不同的社会认知,进一步针对"能不能选自己当主持人"这个话题展开讨论,使其运用已有经验尝试多角度思考问题,从而为自己的想法做主。

1. 进一步理解主持人的作用,知道主持人要具备语言清晰、大方自信、博学多识等能力。

2. 愿意通过推荐、自荐、竞选等方法当主持人,提高辩论游戏的趣味性。

1. 请幼儿观看少儿节目,体验主持人的作用。

2. 幼儿用前书写的方法记录主持人的本领,为自己的想法提供支持,为自主辩论做好铺垫。

区域活动时间,朵朵邀请我、小菲、桐桐、佳琪、小辉、蕊蕊在语言区玩辩论游戏。

朵朵:老师,到底能不能选自己当主持人?

教师:咱们先说一说什么样的人可以当主持人?

朵朵:有勇气的人可以当主持人。

小菲:我觉得声音洪亮、大声说话的能当主持人。

桐桐：说了算就能当主持人，大家都得听他的，要不然都不听怎么办？

佳琪：我觉得脑子里有个图书馆的人可以当主持人。

教师：你们说得都很有道理，主持人要自信，要有很多办法让大家有秩序地参加活动，还要储存很多的知识，就像佳琪说的"脑子里有个图书馆"才可以当主持人。你们觉得这个图书馆里应该有什么？

解析：辩论游戏中主持人贯穿始终，能够维持游戏秩序、控制游戏节奏，教师提出"什么样的人可以当主持人"的问题，帮助幼儿厘清主持人的职责。

佳琪：我觉得这个图书馆里什么都有，把它们一层一层地放起来，需要什么就拿什么。

小辉：我觉得图书馆里应该有个回收器，把知道的都放进去，要什么就压出一个来。

蕊蕊：图书馆里应该装着自己的想法、梦想，还有很多古诗词。

朵朵：我觉得这个图书馆里要装着聪明、智慧、语音、语调和温柔。

教师：为什么要装着语音、语调？

朵朵：因为声音太小别人就听不清楚，声音太大就会很吵。

蕊蕊：为什么要装着温柔？

朵朵：因为你温柔了大家才会喜欢你。

桐桐：我觉得这个图书馆里要装着导游的、辩论的、自信的、骄傲的很多很多的书。（图7-1）

图 7-1　能不能选自己当主持人

教师：哦！原来主持人不但要有个"图书馆"，还要有个"回收器"，能储存好多本领，让自己变得很灵活，发挥本领，让别人愿意听自己说话。

解析：大班幼儿的抽象逻辑思维已开始萌发，但仍以具体形象思维为主，他们在表述自己内心的想法时，会不由自主地产生联想，用"以物代物"的方法表达出来。比如幼儿在回答"图书馆里有什么"时，他们会将"图书馆""回收器"与"主持人"产生联想，用"放进去""压出来"这种生动形象的表达方式，表达主持人应该具备"知识广博，临场应变"的基本能力。

教师：我们班谁可以当辩论游戏的主持人？

佳琪：我觉得瀚文、蕊蕊、小舟、朵朵、桐桐都可以当主持人，因为他们都很聪明，也有很多好朋友。

蕊蕊：我觉得冯佳宜可以当主持人，因为她是我的好朋友，我必须要支持她。

朵朵：能不能选自己当主持人？

蕊蕊：怎么能选自己当主持人呢？好朋友对我们那么好，选了自己当主持人，好朋友怎么办？

桐桐：我觉得要是很大胆、很有信心的话就能选自己当主持人。

墨墨：如果都选自己当主持人的话，每个人都有一票，那不还是没有主持人吗？

玥玥：我觉得如果自己准备好了就可以选自己。

教师：如果大家都想当主持人怎么办？

桐桐：可以竞选，就像竞选导游一样，谁的票多谁当主持人。

蕊蕊：如果是好朋友的话，就用剪子包袱锤来决定。

玥玥：大家轮流当主持人也行。

教师：你们有的说要把机会让给好朋友，有的说谁能胜任主持人就选谁，还有的说如果准备充分、对自己非常有信心，完全可以选自己当主持人，这些方法都非常好，你们不但在乎好朋友的感受，而且很公平。辩论游戏时，公平、公正可是非常重要的一个规则，如果能做到这一点，就是一个了不起的主持人了。老师给你们鼓掌！

解析：幼儿用"图书馆"表达自己对主持人的理解，教师用启发引导、步步追问、归纳总结的方法，给了幼儿开放式的回应，既肯定了幼儿在乎朋友感受的想法，强化他们对辩论游戏中主持人"公平、公正"的初步感知，又激发其想当主持人的愿望。同时，教师与幼儿一起分析能够胜任主持人这一角色的前提条件，帮助他们打开思路，引导其从社会认知、情感认知等方面思考问题,完整清楚地表达自己的观点。讨论过程中,幼儿通过假设、自我否定、自我认可的方法进行分析判断,得出"如果准备充分就可以选自己当主持人"的结论,总结出当大家都想当主持人时,可以用竞选、轮流等方法决定谁来当主持人。

（山东省淄博市实验幼儿园　田香玲）

大班

"乖乖的、一模一样"好，
还是"调皮的、与众不同"好

活动背景

孩子们喜欢反复翻阅、聆听图画书《好宝贝加工厂》，并随着故事情节与画面的转变产生欢笑、讨论及疑问。注意、识别到幼儿的这些行为表现，收集幼儿产生的问题，解读图画书的核心价值之后，我将关于《好宝贝加工厂》的话题延伸至个别化活动"辩论角"中，以"辩论"的形式，加入"辩论主持人"，在开放自主的氛围下，引导幼儿共同讨论，帮助幼儿形成自我观点。

活动实录

一、推选主持人

未未：今天，我们谁来当主持人？

小花：我可以来当主持人，我会认真听你们讲的，如果你们说得不对或者吵起来了我能阻止你们。

小雨：可是你已经当过好几次主持人了，公平起见，我们也要轮流当主持人。

未未：那我们就"石头剪刀布"吧，谁赢了谁当，这样最公平。

小花：可以，我们先决定谁第一个当主持人，接下去我们再轮流，这样大家都能当主持人。

未未：好的。

小雨：那我们开始吧。

经过"石头剪刀布"后，未未成为了今天的主持人。

未未从箱子里抽选了今天的题目：今天我们的辩论话题是"'乖乖的、一模一样'好，还是'调皮的、与众不同'好"。

解析：幼儿们经过一系列的"辩论会"后，已经了解了一些基本的辩论会的要素。他们知道主持人需要认真听每一位同伴的话语，并掌控辩论会的进程和流程。同时，他们也能在日常活动中思辨"公平"的重要性，以及如何分配能够体现公平性。（图7-2）

图 7-2　幼儿辩论现场

二、幼儿选择辩论立场

未未：今天我们的题目是"'乖乖的、一模一样'好，还是'调皮的、与众不同'好"，你们可以自由选择你们的牌子。

小花：我选择红色指示牌，我觉得乖乖的、一模一样好。

小雨：那我就选择蓝色指示牌，我觉得调皮的、与众不同好。

小未：好的，那现在你们准备一下，把自己的想法记录下来，就记在这两张纸上，时间到了，我们就开始啦。

解析：通过提供红、蓝两种指示牌，幼儿选择立场后放置在自己的前面，可以帮助幼儿明确自己的辩题与立场。通过绘画的方式记录观点可以给予幼儿思考、积累观点的机会，也避免了辩论期间幼儿针对某一观点反复讨论，从而没有新观点的产生。

三、第一轮辩论

未未：那现在我们开始辩论啦，请红方先说说你的观点。

小花：我觉得乖乖的、一模一样好。因为，小朋友就是要乖乖的，没人喜欢调皮的小朋友。

未未：现在请蓝方说说你的观点。

小雨：我觉得调皮的、与众不同好。每个人都是一模一样的，那爸爸妈妈就认不出我了。

小花：有的小朋友太调皮了，爸爸妈妈很生气，送去"好宝贝加工厂"加工一下，变乖了，爸爸妈妈就开心了。

小雨："好宝贝加工厂"里的机器这么可怕，还让人喝听话药水，小朋友都不喜

157

欢的。每个人的想法、动作都是不一样的,你就是你自己,为什么要和别人一样呢?

未未:你们还有新的观点吗?

小花:乖乖的、一模一样,那以后我们做题目就都是100分了。

小雨:我反驳你的观点。虽然有时候调皮,但是我们每个人都是与众不同、独一无二的。如果我们想法都一样,那我们就没有"辩论"了。

……

解析:当双方针对同一问题反复争论时,主持人及时提醒,帮助新论点产生。从对话中发现,幼儿逐渐从外部特征,转向内部特质,逐渐形成自我认知。

四、第二轮辩论

未未:接下来,是3分钟"开杠时间",现在开始!

小花:我还是觉得乖乖的、一模一样好。我们小朋友就是要乖乖的。

小雨:一模一样了,我们就没有个性和特点了,每个人都是一样的。

小花:一样乖,一样能干,不好吗? 我就是想变得乖乖的,让自己变得更好!

小雨:每个人都是一样的,那我们不就是机器人了吗?

小花:我们还是有自己的想法啊,只是我们变得乖乖的,让老师、爸爸妈妈都开心。

小雨:偶尔调皮一点,也不影响爸爸妈妈对我们的爱的,爸爸妈妈都是爱我们的。

小花:我觉得乖乖的好,这样爸爸妈妈就不会头疼了。

小雨:这个世界上的每个人都是独一无二的。

……

解析:从幼儿的表述中,我们可以看到语言成为了幼儿思维表述的工具,在幼儿语言的背后是哲学素养的萌发,幼儿们在辩论中了解到每一个人都可以根据情况有自己的想法。

图7-3 幼儿辩论现场　　　　图7-4 幼儿辩论现场

附：《好宝贝加工厂》故事梗概

生活中的"熊孩子",怎样才能变成人见人爱的"好孩子"呢？比如咔咔,他是一个让爸爸妈妈非常头疼的顽皮孩子。为了得到一个乖巧可爱的"好宝贝",爸爸妈妈决定将咔咔送入"好宝贝加工厂"重新打造一番……人人都爱听话、懂事的乖孩子,可是如果孩子们都被"打造"得一模一样：拥有着面具般的"标准式微笑";不会为了得到心爱的玩具向爸爸妈妈撒娇耍赖;永远冷静又礼貌地跟所有人保持安全距离……这样的"好宝贝"就真的是我们想要的吗？

（上海市嘉定区实验幼儿园　顾漪涟）

大班

学特长好不好

**活动背景**

早晨入园时间,骏骏背着一个新书包得意地对小朋友说:"看,我的新书包,是围棋班的老师发给我的。"他的话音刚落,好几个孩子围了过来。赫赫说:"我也学围棋,我特别喜欢上围棋课,每次都能得积分卡。"彤彤说:"我不学围棋,我每周五晚上都学舞蹈。"悠悠说:"我也学舞蹈,但我不喜欢学,妈妈非要让我学。"菲菲说:"我不学舞蹈,我妈妈说学舞蹈对腿不好,我学美术。"琪琪说:"我觉得学舞蹈好,我还去大剧院演出了呢。"……从孩子们的聊天中,我发现他们关于学特长的经验非常丰富,对学特长的话题也比较感兴趣。于是,我鼓励更多孩子分享自己学特长的事情,"学特长好不好"这个话题也就自然产生了。

**活动目标**

1. 能使用假设复句"如果(要是)……就"表达对"学特长好不好"这一问题的观点和理由。

2. 能吸取他人言语中举例子、反面对比的辩论方法维护和完善自己的观点。

**活动准备**

1. 请家长和幼儿一起讨论学特长的优点和缺点,并请幼儿将自己的看法进行表征后和同伴交流、分享,进一步丰富经验。

2. 幼儿学特长的图片若干。

**活动实录**

一、创设聊天的氛围,鼓励幼儿说一说自己学过的特长,激发讨论兴趣

教师:这几天我们和爸爸妈妈、小朋友一直在聊学特长的事情。你们学过什么特长？喜欢学吗？

美希：我学过舞蹈、古筝。我喜欢学古筝，因为能弹出很多悦耳的曲子，但是不喜欢学舞蹈，因为压腿的时候太疼了。

朵朵：我学过口才、钢琴。我喜欢学口才，因为口才不仅可以锻炼我们的思维，而且能让我们的记忆力很好。我不喜欢学钢琴。

赫赫：我喜欢学打篮球，因为可以让我更强壮。

小八：我喜欢学网球，因为学网球能让我们的注意力、反应力更强。

……

教师：小朋友们都学过特长，有的学过一种，有的学过好几种，那你们觉得学特长好不好啊？可以到辩论区来辩论一下。

解析：从幼儿们的表达中可以看出，他们对经历过的、体验深刻的事情，在语言方面表现出明显的丰富性和层次性，如幼儿在表达中使用了"悦耳、强壮、注意力、反应力"等新词；同时，在自由宽松的聊天氛围中、在倾听同伴想法的过程中，幼儿积累了更多的经验，为接下来的辩论提供支持。

二、幼儿进入辩论区，开始自主辩论

毅毅、赫赫、彤彤、萌萌、瑞瑞、晨曦选择了辩论区，通过投票的方式，毅毅成为本次辩论的主持人。

1. 幼儿轮流发言，说出自己的观点和理由。

毅毅：我们今天来辩论学特长好不好，先轮流发言，从你开始吧。

彤彤：我觉得学特长好，我学了舞蹈和钢琴，学舞蹈，能让我的身体很优雅。

毅毅：哇，你超级厉害啊，还用上了"优雅"这个词。

瑞瑞：我觉得学特长不好，我学游泳的时候，沉在水下，准备换气的时候会很难受。

萌萌：学特长不好，因为如果学太多的话，就会很累，就没法玩了。

晨曦：我觉得学特长不好，如果妈妈给你报的班太多，就会把妈妈的钱都花光，没法给你买好吃的了。

毅毅：我很佩服你！给你们俩一个大大的赞，还能用上"如果……就"这样的话来说自己的理由，很有说服力。谁还能这样说？

解析：主持人能够有意识地关注小辩手发言过程中对新词、新句的使用，并通过重复、强化的策略，引起其他幼儿的关注。

赫赫:我觉得学特长好。我就学篮球,如果有坏蛋来了,我就可以反击;如果你不学篮球的话,你就没有很大的爆发力,身体也不会很灵活。

毅毅:很棒!你还说了一个新的词,"爆发力",爆发力是什么意思?

赫赫:就是这样"嘭"地一声爆炸了(做出双手举高的动作)。

萌萌:就是把全部的力量都推到手上,再传到篮球上,一下推出去。

彤彤:就是如果火山爆发的话,喷得很快,就那样一下喷出去了。爆发力就是像火山爆发一样。

教师:哇,像火山爆发一样,你用一个比喻句来解释"爆发力",听起来特别生动。

解析:大班幼儿对词语产生了有意关注的意识。当幼儿的表述中出现"爆发力"这样的新词,主持人及时捕捉并进一步追问,引发其他幼儿关注、思考,尝试对这个新词作出解释。由于幼儿的思维处于相同的经验水平,同伴的解释会更容易理解。教师及时强化、梳理,更有助于幼儿习得新词、新句,提高言语的形象化和生动性。

2. 幼儿举手发言,尝试反驳别人的观点。

毅毅:这里还有很多小朋友学特长时的照片呢,可以看看这些照片,再来说自己的观点,也可以反驳别人,想发言的举手吧。

瑞瑞:我觉得学特长好。这张照片是我参加钢琴考级比赛时,妈妈给我拍的,我还得了一个大奖杯。

晨曦:我反驳。我觉得学特长不好,虽然学好了钢琴可以得大奖杯,但是你看那张照片里的小男孩,一边弹一边哭,多难受啊。我以前弹钢琴的时候也要摆指法,太累了。

教师:这个小辩手真厉害,他能把学特长的好处和不好比一比,这是一种辩论方法,叫"对比"。用这种方法来反驳别人会很有力量。

晨曦:我觉得学特长不好。我学了舞蹈、口才、美术,虽然能学很多本领,但是妈妈会很累,她上班很辛苦,下班还要跑来跑去接送我。

彤彤:我觉得学特长好。比如说,我学古筝,每天练习虽然很累,可是练好了就可以像那个大姐姐一样去大舞台表演,大家都夸我弹得好。

毅毅:你们俩真了不起,还用了举例子、对比的方法,让自己的理由更有说服力。

萌萌:我知道学特长好。可是学特长……要是学舞蹈的话,虽然你的身体会很优雅,但是刚开始你不会劈叉,老师掰你的腿还是会很疼呀。

　　毅毅：我很赞同你说的，学特长的时候遇到困难了怎么办？咱们一起帮萌萌想个办法吧。

　　瑞瑞：可以让爸爸妈妈给你换一个喜欢的特长。

　　彤彤：你可以跟老师说轻一点压，这样就不疼了。

　　赫赫：你也可以在家经常压一压，因为"坚持就是胜利"，只要压的次数多了，就不疼了。

　　教师：如果是你喜欢学的特长，遇到困难的时候就要勇敢坚持下来，就像赫赫说的"坚持就是胜利"，只有这样才能学到真本领。如果你不喜欢，就告诉爸爸妈妈，可以先不学，或者选一个自己喜欢的学。

　　毅毅：我也想说说我的观点，我觉得学特长好。你们还记不记得我们学的古诗里说，"少壮不努力，老大徒伤悲"。我们小的时候要努力，如果你现在不努力，老了你再想学特长就没法学了，会后悔的。今天的辩论到此结束吧。

解析：在自主辩论的过程中，主持人是一个非常重要的角色，主持人对辩论进程的把控以及对辩手的有效回应，是维持自主辩论顺利开展的重要条件。

（山东省淄博市实验幼儿园　韩雪芹）

大班

大声说话好不好

活动背景

　　餐前活动,我请涵予回答问题,她声音很小,于是我对涵予说:"要大声说话,让小朋友都能听见。"国豪大声地回答了问题,我鼓励他说:"国豪大声地回答问题真好,让我们每个人都听得很清楚。"这时,小茶说:"可是在区域活动时,大声说话会影响到别人。"添添接着说:"那小声说话别人也听不见啊!"致远坐在椅子上小声地说:"大声说话好,也不好。"于是,"大声说话好不好"的辩题就这样诞生了。

活动目标

1. 能仔细倾听对方发言,并尝试运用反问的方法反驳他人。

2. 能遵守轮流发言、有序抢答等基本的自主辩论规则。

活动准备

1. 幼儿有集体辩论活动的经验,熟悉辩论流程,并有运用假设、举例等辩论方法的经验。

2. 和幼儿讨论过自主辩论的规则,并投放自主辩论的规则提示牌。

活动实录

一、推选主持人

　　沛东:我们谁来当主持人啊?

　　小茶:我想来当。

　　国豪:不行,让沛东当,你总是乱发言。

　　佳语:我也想让沛东当。

　　添添:我同意让沛东当,因为他能遵守规则。

沛东：那好吧，我是主持人，小茶下次我让你当。

小茶点点头。

沛东拿出了辩题和正方、反方的标识牌。

教师：沛东是今天的主持人啊！那小辩手可要看看小主持人哪里做得好，哪里做得不好，还要一起选一选今天的文明小辩手哦。

解析：在自主辩论初期，主持人的行为和要求对幼儿们遵守辩论规则的意识形成有一定的帮助。教师适当地介入，可以保持辩论的顺利进行。

二、自主辩论

沛东：好了，现在辩论开始了。大声说话好的请坐在这边，大声说话不好的坐在那边。

教师：嗯，这边是认为大声说话好的小朋友，另一边是认为大声说话不好的小朋友。

解析：幼儿们在辩论过程中，语言可能会不规范，教师可以及时给他们一个示范。

沛东：你们哪一组先来说？

国豪和添添都举起手，小茶着急地站起来就说：我们先说。

沛东：小茶你别抢，国豪举手了，国豪先说吧。

国豪：我觉得大声说话好，因为大声说话才能让所有小朋友都听见你说了什么。

添添：我觉得大声说话好，如果点名的时候，你声音太小，就会听不见。

致远：大声说话好，站在舞台上大声说话大家才能听见啊。

沛东：你们说得都很有道理。小茶，该你们说了。

小茶：我觉得大声说话不好，在姐姐写作业时，如果你大声说话，她会很烦。

佳语：大声说话不好，因为声音很大，耳朵都会吵聋的。

小茶：尤其是在吃饭、睡觉的时候，会影响别人。

教师：哦，你们都举了自己身边的例子，小茶还用了"尤其"这个词语，特别强调了一下，这样让我们大家对你的观点印象很深刻。

解析：当幼儿在辩论中使用了恰当的词语或句子，让辩论更加生动时，教师要及时肯定、强化，让幼儿们的辩论语言更加丰富。

沛东：对，大声说话会影响别人。国豪，到你们说了。

国豪：可是大声说话别人才能听见啊。

致远：我觉得大声说话好，如果都小声说，很难受。

小茶：我觉得大声说话不好，大声说话对嗓子不好。

沛东：小茶你等他们说完你再说，该添添说了。

添添：我觉得大声说话才像个男子汉。

教师：哦，致远还想到了自己的感受，小茶也说对自己的嗓子不好，他们的理由和别人不一样。除了刚才说的这些，还有其他不一样的理由吗？

解析：做"添柴者"——持续辩论。幼儿在辩论中容易出现重复别人的观点或思路打不开的时候，这时候教师要像"添柴者"，添"柴"以打开幼儿的思维，鼓励幼儿多角度看待问题，从而说出更多不一样的理由。

佳语：如果在区域里玩玩具时，你大声说话，小朋友也大声说话，那幼儿园就会很吵。

教师：佳语用假设的方法让我们知道大声说话的后果，还把"幼儿园就会很吵"加重了语气来说，这样说话让我们感觉很有力量。

小茶：我觉得大声说话不好，我的嗓子以前总是咳嗽。

国豪：我觉得大声说话好，我嗓子也没事。

教师：注意听小茶说的话，大声说话会让人咳嗽，你们同意吗？

添添：我不同意，咳嗽是因为她感冒了。

教师：嗯，所以要仔细倾听小朋友的发言，当发现对方说得不对的时候可以用"我不同意""我不赞同"这样的句子来反驳别人。

小茶：小朋友在睡觉的时候，能大声说话吗？

这时候，孩子们都不说话了。

教师：孩子们，小茶用了反问的方法，还举了个例子来反问国豪，问得大家都不说话了。反问的方法真有力量！

致远：有时候需要大声说话，有时候需要小声说话。

沛东：我觉得你们说得都很对。

教师：我同意致远和沛东的想法。在需要表演或展示自己、有紧急情况或者需要让大家听到的时候，我们就应该大声说话；在睡觉、吃饭、区域活动、公共场所时，我们要调整自己的声音，不去影响别人。

三、同伴互相评价

教师：小主持人，你来评价一下今天的辩论吧。

沛东：我觉得今天小茶、国豪、添添都动脑筋说了很多想法,致远、佳语说得少了一点,你们以后要多说一点。你们觉得谁是今天的文明小辩手? 有序抢答的才能评为文明小辩手。我们来举手投票吧。

沛东：小茶想了很多理由,但是没有有序地抢答,所以不能评为文明小辩手。但是你辩得很好。

教师：孩子们,那你们来说说今天的主持人当得怎么样?

佳语：我感觉沛东当得很好,能让小朋友遵守规则。

添添：沛东很像个主持人,让我们轮流发言。

国豪：我觉得沛东说话很文明。

小茶：沛东听得很认真。

致远：我觉得沛东像老师一样,表扬小朋友说得很对。

教师：嗯,今天的小主持人沛东很棒,让小朋友轮流发言、还很有礼貌地鼓励你们有序抢答,让辩论很有序。而且沛东还仔细听你们发言,夸小朋友说得很有道理。这就是一个主持人的样子,下一次我们也要推选一个这样的主持人。

解析：通过同伴间的互评,让幼儿们能更好地学当主持人,让自主辩论更加自主、顺利。

（山东省淄博市实验幼儿园　黄莎莎）

大班

高速路好还是普通路好

活动背景

　　国庆假期后，孩子们回到幼儿园，兴致勃勃地聊着各自的出游经历。贝贝说："我去海边玩了，爸爸妈妈和我开车上高速，很快就到了。"丁丁说："我回爷爷家了，我也走了高速。"晴晴问："什么是高速？"扬扬说："就是高速路，车开得很快，一直往前开，不用停车等红绿灯。"大壮补充道："就是啊，高速路上车开得很快，很吓人。"我问他们："那高速路好还是普通路好呢？"活动室里瞬间热闹起来，有的说高速路好，有的说普通的路好，大家争得面红耳赤！我提议，既然大家看法不一致，那就辩论一下！孩子们积极响应。

活动目标

1. 能在辩论之前有意识地梳理自己的观点、理由，使辩论语言更有目的、辩论思维更有条理。

2. 在辩论过程中熟悉有关普通公路、高速路及交通安全的常识。

3. 尝试从评审团角度客观地评价同伴辩论的情况，提高评价意识和言语水平。

活动准备

1. 生活中和家人外出游玩，对周围交通状况有较丰富的实践体验。

2. 记录纸、笔、图书等材料；布置辩论游戏区用的桌子、椅子。

活动实录

一、推选主持人

　　帅帅带着大壮、豆豆、乐乐、小川、贝贝、扬扬等小朋友进入了辩论游戏区。

　　帅帅：大壮，你和贝贝去摆桌子，其他小朋友都搬小椅子过来。

大壮：凭什么，我又没让你当主持人。

帅帅：咱们举手表决谁当主持人，少数服从多数！

孩子们都围过来。

帅帅：同意我当主持人的举手！1，2，3……8。同意大壮当主持人的举手！1，2，3，4，5，6。

帅帅成功当选。

二、自主辩论

帅帅：请大家用5分钟的时间做准备。

解析：目前幼儿们对于自主辩论已经有了比较丰富的经验，每次辩论前，他们都会围绕辩题梳理自己的观点和理由。记录两种观点的优、缺点，根据对比情况，提出更多论据，组织相应的辩论语言，积累辩论的方法。

帅帅：我们今天的辩题是——高速路好还是普通路好。我们请乐乐、天一、小可当评审团，请你们坐到后面。其他的小朋友如果觉得高速路好，请坐到左边；如果觉得普通路好，请坐到右边。

结果左边6人，右边4人，右边的团队喊起来：不公平，我们人少。

帅帅：支持高速路好的小朋友，谁愿意去支援一下普通路的一组？

豆豆犹豫了一下，搬着椅子坐了过去。

解析：辩论游戏是思想的碰撞，是平等地交流不同的观点。通过玩辩论游戏，幼儿的公平意识逐步增强，同伴关系也更加融洽。

帅帅：现在辩论开始。首先进行第一轮，请双方辩手轮流说出自己的观点和理由。

辰辰：我觉得高速路好。走高速路不会堵车，就不会迟到。

贝贝：我觉得高速路好，因为高速路上可以加速、加速！

教师：能一直加速吗？

扬扬：不能，一直加速太快了，就撞车了。

小川：我觉得高速路好，因为不用等红绿灯，可以很快到达目的地。

丁丁：我觉得高速路好，因为上面走的人很少。

教师：高速路上有人在走吗？

丁丁：不是，人在车里。

教师：那应该怎么说？

丁丁：我觉得高速路好,因为上面的车很少。

教师：你这样说就更准确了,小朋友也更容易听懂。

帅帅：刚才的小朋友说高速路不堵车,上面的车很少,说了很多它的优点。现在请觉得普通路好的小朋友说说自己的观点和理由。

小李：我觉得普通路好,因为开不快,不会撞车。

扬扬：我觉得普通路好,因为普通路上有红绿灯指挥人们的车。

晴晴：我觉得普通路好,因为普通路可以转弯,换方向。

帅帅：觉得普通路好的小朋友说的理由也很多。那现在进行第二轮,开始自由辩论。

小川：高速路上没有红绿灯,就不用停车,可以准时到自己想去的地方。

小李：可是开车也不能太快呀,多危险呀！高速路不安全。

小川：可是如果你上班很远的话,还是走高速路好,不堵车,就不会迟到。

豆豆：普通路上有红绿灯,很安全;高速路上没有红绿灯,容易刹不住车,撞车就很危险啦,高速路不好。

教师：高速路上开多快都行吗?

扬扬：不行,有标识。

教师：什么标识啊?

贝贝：有的标识是"100",有的标识是"80",还有的标识是"120"。

扬扬：车速不能超过标识上的数字,看到"120"的时候,就不能开得超过120。

教师：(出示高速公路标识图片给幼儿看)高速路上会有限速标识,蓝底白字指示牌上的数字是最低限速,表示在这一段高速路上开车车速不能低于这个数字;白底黑字外侧有一圈红色的指示牌上的数字是最高限速标志,表示汽车的速度不能超过这个数字。汽车在高速路上不是想开多快就开多快,要遵守交通规则。

解析：在促进幼儿语言表达的同时,还可以融入与辩题相关的社会知识,增长幼儿的生活经验。

教师：不管走哪种路,遵守交通安全是最重要的。比如在高速路上按照规定车速行驶,不能随便停车、掉头,有事去服务区解决;在普通路上行驶要看信号灯,听从交警的指挥,还要遵守右侧通行、分道通行。普通路和高速路给我们的生活带来了不同的方便。

解析：辩论后的总结回归到交通安全,和幼儿梳理交通常识,提高他们的安全意识。

三、总结评价

帅帅：请评审团说说你们的表现。

小可：我觉得今天大壮表现好，他说得很多，也很有道理。有的小朋友说话很少，希望以后多说话，说出自己的想法。

天一：今天小朋友都遵守规则，但是小李着急了总是抢话，应该先听别人说完。

乐乐：我觉得小朋友声音都很大，能让别人听见。豆豆能先听别人说什么然后再反驳。

帅帅：我觉得你们也说得很好，以后辩论要想更多办法说清楚，让别人听明白。还有就是不要跑题了，要像豆豆那样。今天的辩论到此结束。

解析：最初，幼儿们在辩论的过程中观察、倾听、感受、评价同伴的表现，但是因为站在各自的立场，角度比较受限制。后来，我们单独设立了评审团的角色，幼儿们根据自己的意愿选择，在整个辩论过程中全程观察双方的表现，客观地提出评价意见，这更有利于辩论活动的完善。

（山东省淄博市实验幼儿园　岳娟）

大班

白羊染发好不好

活动背景

近期,我和孩子们一起阅读了图画书《白羊村的美容院》,他们对于白羊染发、烫发的故事特别感兴趣,经常凑在一起,边看书边交流白羊染发、烫发前后的变化以及发生的趣事。于是,"白羊染发好不好"的话题就此展开。

活动目标

1. 能恰当地引用图画书中的内容证明自己的观点。
2. 能仔细倾听对方发言,并使用文明的语言提出反问或质疑。

活动准备

1. 集体阅读图画书《白羊村的美容院》,幼儿熟悉故事内容。
2. 图画书大书,辩题台签。
3. 幼儿针对"白羊染发好不好"的话题进行绘画表征。(图7-5)
4. 幼儿有自主辩论的经验,能自主进行"最佳小辩手"和"文明小辩手"的评选。

图7-5 白羊染发好不好

一、幼儿回忆故事内容，说说最喜欢的情节

教师：前两天，我们一起阅读了《白羊村的美容院》这本图画书，故事里有很多有意思的内容，请你们先来说说自己最喜欢或者印象最深的情节。

蓝戈：我最喜欢的是举行选美大会了，每只羊都觉得自己是最好看的。

振荣：我喜欢美容师介绍的各种流行信息——爆炸头、蘑菇头、玉米烫、离子烫还有朋克花式头。

多多：我最喜欢看"白羊一只接一只，像白云一样"的地方。

壮壮：美容师最后走了。

教师：这个情节是你最喜欢的，还是印象最深的？

壮壮：我最喜欢的。

加淇：我记得美容师说"白色羊毛最老土，花色羊毛最时髦了"。

……

教师：你们说了各自喜欢或印象深刻的一些情节。小辩手们注意，可以用书里的内容来支持自己的观点或反驳对手。和对手展开对辩的时候，要仔细听，抓住他的问题漏洞进行反击，但一定要注意说话的语气和态度。

解析：由于辩题是从图画书中产生的，因此教师运用"材料支持"这一策略，带领幼儿有重点地回忆、交流图画书的内容。这样做不但能激发幼儿辩论的欲望，还为幼儿下一步的自主辩论提供了支持和帮助。

二、幼儿自主选择进入辩论区，玩辩论游戏

逗逗（主持人）：我们今天要辩论的是"白羊染发好不好"。请支持白羊染发的坐到"好"的一边，请不支持白羊染发的坐到"不好"的一边。

解析：每次辩论结束后，幼儿会评选本场辩论游戏的"最佳小辩手"和"文明小辩手"，而"最佳小辩手"除了获得勋章外，还自动成为下一次辩论游戏的主持人。这样的游戏规则既督促幼儿文明辩论，又保证幼儿参与辩论的积极性，提升他们参与辩论游戏的成就感。

逗逗：请大家一个接一个来说一说自己的观点和理由。先请支持白羊染发的小朋友来说。

蓝戈：我认为白羊染发好，因为染发漂亮，大家都说好看。

加淇：我认为染发好，染发最时髦了，染发后可以戴蝴蝶结、戴王冠、穿裙子、参加舞会。

好好：我认为白羊应该染发，因为染了发像彩虹一样，会是世界上最美的羊。

解析：幼儿在表述理由的时候，引用了图画书中的词语及画面，比如："时髦""戴蝴蝶结""戴王冠""穿裙子""参加舞会"等。这些与第一环节中教师带领幼儿回忆图画书内容及观看图画书画面是有关联的。

逗逗：支持白羊染发的小朋友都说了自己的想法，你们说得都很清楚。下面请认为"白羊染发不好"的小朋友来说一说。

多多：我认为白羊染发不好，因为只有白色是最漂亮的。

小丁：我认为白羊不该染发，染发很疼。

君言：我认为白羊不染发好，因为不染发本来就很好看了。

壮壮：我认为白羊染发不好，因为染发师最后走了，染了也是白染。

逗逗：大家都说了自己的想法。下面进入第二轮辩论——举手发言，你可以说出自己的想法，也可以去反驳别人。谁先来？（主持人根据幼儿举手情况邀请幼儿进行发言）

图 7-6　白羊染发好不好

丁丁：羊不染发也漂亮啊。

好好：羊不染发都是白色的，那都一样了。

多多：羊和人不一样，人就是可以染发、烫发的。

多多：凭什么染发？有的染发，有的不染发才好呢。

……

逗逗：下面进行自由发言，请大家一个说完之后，另一个再说，大家都要积极发言呀。好，开始。

振荣：我觉得羊该染发，因为染了发五彩缤纷，像彩虹一样。

壮壮：染了也白染，长长了又剪了。

蓝戈：剪了再染啊。

多多：羊不染发像白云一样漂亮，染发像彩虹一样漂亮。

……

逗逗：好，我宣布今天的辩论到此结束，每位小朋友都很棒，让我们把掌声送给自己和大家！最后，选今天的"最佳小辩手"和"文明小辩手"。从图画书里找到很多的理由，还能反驳别人的，可以成为"最佳小辩手"。说话、做动作都有礼貌、很文明的，就是"文明小辩手"。现在请大家举手投票。（幼儿依次举手投票评选）

解析："最佳小辩手"和"文明小辩手"的评选标准，是幼儿集体确定的。"最佳小辩手"是指在辩论游戏中，能够积极思考、踊跃表达自己的想法、努力说服对手的幼儿；而"文明小辩手"则是指遵守辩论游戏规则，用语文明、态度适宜的幼儿。评选办法也由最初的推荐、自荐到近期的举手投票进行表决。

（山东省淄博市实验幼儿园　刘宁）

大班

秋天好还是春天好

　　和孩子们在院子里散步时,看到满地落叶,小冉兴奋地说:"老师,快看! 碧云天,黄叶地。"我转身面向孩子们说:"小冉看到落叶,能说出这么好听的诗句,厉害啊! 谁还能说一说?"朵朵说:"碧玉妆成一树高。"我说:"'黄叶地'是写秋天的美景,'碧玉妆成一树高'是写春天的美景,你们觉得秋天好还是春天好?"孩子们七嘴八舌地讨论起来,诺诺说:"秋天的树叶像蝴蝶一样飘落下来,所以秋天好。"朵朵说:"春天柳树姑娘长出了长长的辫子,也很好啊!"于是,我和孩子们约好各自查阅一些有关秋天和春天的知识,区域活动时,我们辩一辩到底是秋天好还是春天好。

1. 愿意使用"比喻""拟人"等方法,清楚连贯地表达自己的观点。

2. 尝试引用古诗词证明自己的观点,体会古诗词中含蓄、生动等特有的语言韵味。

176

1. 幼儿有集体辩论的经验,了解辩论规则,熟悉辩论流程。

2. 教师、家长、幼儿通过网络、书籍、实地观察等多种途径了解秋天、春天的季节特点,为辩论储备理由。

3. 幼儿用前书写的方法记录秋天、春天的季节特征,画一画自己眼里的春天或者秋天,为自己的观点提供语言支架。

4. 制作两种标示牌,比如"黄叶满地"的画面代表"秋天好","百花盛开"的画面代表"春天好"。

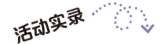活动实录

一、幼儿自主选择辩论角色，积极表达自己的观点

区域活动时间，琪琪、小舟、玥玥、诺诺、瀚文用掷骰子的方法，决定了琪琪担任辩论主持人。

琪琪：我是主持人琪琪，今天我们一起玩辩论游戏，辩题是"秋天好还是春天好"，叶子标示牌这边代表"秋天好"，花朵标示牌这边代表"春天好"，请你们选一个自己同意的观点说说吧！

小舟：我认为秋天好，因为秋天黄叶满地，我们可以坐在黄色的叶子上照相，多美啊！所以我认为秋天好。

诺诺：我觉得秋天好，秋天的苹果笑红了脸，马上就要成熟了，所以我认为秋天好。

瀚文：我觉得春天好，春天有惊蛰，秋天没有惊蛰，所以春天好。

玥玥：春天像个五彩斑斓的花园，我觉得春天好。

教师：你们都说出了自己的观点，非常棒！而且诺诺说"秋天的苹果笑红了脸"，她把苹果比作人一样有"脸"，这种方法是"拟人法"，用"拟人"的方法说话让苹果一下子有了生命，也让人感觉她的观点很有说服力，这可是辩论高手才有的本领，我们都可以用这样的方法说出自己的观点和理由。

解析：教师及时肯定，能起到强化示范的作用，让说的幼儿增强信心，让听的幼儿有一个很好的语言支架。

二、幼儿自由辩论，尝试引用古诗词说出自己的观点

琪琪：现在开始自由辩论吧！我们可以说自己的想法，也可以反驳别人。

玥玥：我觉得春天好，因为春天可以去野餐。

诺诺：秋天可以和爸爸妈妈去看红叶。

小舟：我也觉得秋天好，因为秋天黄叶满地，我们走进森林里拍一些好看的照片，可以保留起来，多好啊！

瀚文：谁说的秋天好啊？李清照写的"梧桐更兼细雨，到黄昏，点点滴滴"多凄凉啊！明明就是一点也不美好啊！

教师：哎！这句话很特别，你能给大家说说是什么意思吗？

瀚文：就是说秋天的时候下雨，一直下到晚上，李清照一个人在家很凄凉。

教师：瀚文博览群书，非常厉害！"梧桐更兼细雨，到黄昏，点点滴滴"是李清照的词，意思是细雨淋到梧桐树叶上，一直到黄昏，雨声还滴滴答答的，让人感觉很凄凉。瀚文引用李清照的词说出自己的观点，让我们觉得他很有学问，说的话很有道理，不得不信服。这种方法是"引用法"，你们也可以试着用这种方法说出自己的观点。

诺诺：可是我不会说这样的话啊！

幼儿沉默，教师介入。

教师：我来试一试用这种方法反驳瀚文，"一年好景君须记，最是橙黄橘绿时"说的就是秋天的美好，所以我觉得秋天好。

解析：辩论游戏中，语言存在很大的延展性和不确定性，幼儿时常会因思路狭窄出现观点重复或是话题中断的情况。为了鼓励幼儿说出和别人不一样的理由，教师要捕捉幼儿精彩的辩驳理由，及时肯定和分享。

小舟：秋天离冬天越来越近了，冬天不就可以打雪仗了吗？多好玩啊！

瀚文：一场秋雨一场寒，秋天多冷啊！所以我觉得秋天不好。

诺诺：可是秋天是收获的季节啊！农民伯伯收获了那么多的粮食。

瀚文：我还是觉得春天好，虽然打雪仗好玩，但小动物们都冬眠了，我们没法和小动物们一起玩，多无聊啊！

诺诺：那我们可以和朋友一起玩啊！那些小动物又不会做游戏，和好朋友一起做游戏多开心。

玥玥：春天的树枝都发芽了，小燕子飞回来了，所以我还是觉得春天好。

诺诺：秋天有好多新鲜的果子可以吃，春天就没有。

瀚文：难道春天我们不会买一些果子吃吗？

教师：春天也可以吃到新鲜的果子，不是吗？

小舟：你们买的果子也不是春天长出来的啊！

幼儿再次沉默，教师介入。

教师：虽然秋天有果子吃，但没有春天，怎么会有秋天呢？所以秋天有秋天的好，春天有春天的好。

解析：幼儿语言素材不足，辩论时常因来不及组织语言而不知所措。辩论无法继续时，教师适时介入、抛出新话题，给幼儿打开思路、增强信心、提升经验，让话题得以深入和继续。

瀚文：秋天是收获日，春天是生长日，我还是觉得春天好。

琪琪：我觉得秋天是收获日,春天是生长日,夏天是开花日,冬天是冬眠日,所以今天的辩论就算平局了。

教师：今天的辩论太精彩了,你们用了"拟人""引用""比喻"的方法,把你们说的话变得很有力量,让听你们说话的人觉得很有道理、很有说服力,认为你们都是辩论高手。今天真的是让老师大开眼界,我给你们鼓掌点赞。

（山东省淄博市实验幼儿园　田香玲）

大班

猴子生活在动物园里好，还是森林里好

活动背景

为了更好地发展幼儿的审辩式思维,我们尝试在个别化学习过程中加入"辩论会"的内容。经过基于幼儿需求的调整及形式的趣味性优化,我们创设了以辩论会为基调的个别化学习内容。在个别化学习过程中,时间更宽松、结构化程度更低,有助于幼儿创设宽松的"哲学探究团体",尽可能去除幼儿心理上的"障碍",为幼儿的讨论创造尽可能友好的环境和机会。

活动准备

指示牌,点读笔,辩题"盲盒",记录纸,笔。

活动实录

一、选取辩论话题

妍妍和嘉嘉来到"辩论角",准备开始辩论会。

妍妍:今天我们两个来辩论吧。

嘉嘉:好呀,那我们从"话题盲盒"中抽本次辩论会的话题吧。

妍妍:好的,我来抽。我最喜欢抽盲盒了。让我来看看,我这次抽到了什么?

嘉嘉:是什么?

妍妍:让我用点读笔来听一听这次辩论会的话题是什么。这次的题目是"猴子生活在动物园里好,还是森林里好?"

妍妍:我选择"猴子生活在动物园里好",我拿红色指示牌。

嘉嘉:那我就选择"猴子生活在森林里好",我拿蓝色指示牌吧。

妍妍和嘉嘉将自己选择的指示牌放在自己的面前。

解析:在个别化学习的辩论会中,使用"话题盲盒"的方式,在"盲盒"中抽取本次辩论话题,增加幼儿参与的趣味性。另外,使用点读笔的形式能够帮助幼儿在个别化学习中清晰本

图 7 - 7　辩论现场

图 7 - 8　辩论现场

图 7 - 9　辩论现场

次辩论主题，使活动更加自主、自助。使用不同颜色指示牌的方式能够帮助幼儿选择自己的观点，明确自己的立场。在实录中，我们可以看到幼儿们对个别化学习的辩论会的流程和步骤比较清晰，我们所提供的材料能够帮助幼儿自主参与。

二、记录自己的观点

嘉嘉：我们先准备几个观点，把自己的观点记录下来吧。

妍妍：好的。我已经想好几个观点了。

妍妍、嘉嘉将自己的观点一一记录下来，5分钟后……

妍妍：我已经记录好了，你好了吗？

嘉嘉：我也好了。

妍妍：那我们就开始吧。

解析：通过记录观点的方式能够有效改善幼儿在辩论中经常出现的一些问题——第一，能够避免幼儿针对某一观点反复讨论，从而没有新观点产生。第二，记录观点的方式有利于防止幼儿在辩论过程中遗忘自己的论据。第三，能够给予幼儿足够的思考时间。第四，能够培养幼儿简单记录的能力。（图7-10）

图7-10 辩论前的记录

三、开始进行自主讨论

妍妍：我觉得猴子生活在动物园里好。因为这样他们就有很多香蕉可以吃，每天都有饲养员去喂他们的。

说完，妍妍点亮一盏能量灯。

嘉嘉：我觉得猴子生活在森林里好。森林里也有很多香蕉的，除了香蕉还会有很多其他的好吃的食物。

说完，嘉嘉点亮一盏能量灯。（图7-11）

图7-11　点亮能量灯

妍妍：我不同意你的说法，森林里不一定有很多香蕉啊，猴子有时候会找不到好吃的，那它们就会饿死的。动物园里一直有人照顾它们，就不会有这个问题了。

这时，妍妍又点亮一盏能量灯。

嘉嘉：可是森林很大，动物园很小，猴子可以在森林里荡来荡去，很开心。大家都是喜欢自由的。

说完，嘉嘉又给自己点亮了一盏能量灯。

妍妍：那你有没有想过，森林里也会有其他的动物，会把猴子吃掉，就很危险，动物园里是非常安全的。

嘉嘉：动物园里关在一起的只有猴子，它们都没有其他的朋友，而在森林里它们可以和不同的动物做好朋友。

妍妍：当然是安全最重要，都没有生命了，还做什么好朋友啊。

嘉嘉：好朋友也很重要的，每天被关在笼子里，你不觉得那些猴子都很不开心吗？你要是没有好朋友，一天多无聊啊。

妍妍：它们住在一起，有很多猴子好朋友啊，又不是一定要和别的动物做朋友的。我觉得它们都很开心啊，懒洋洋地躺在草地上。下雨了，饲养员还会让它们去房子里，要是在森林里就只能淋雨。

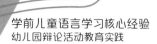

嘉嘉：森林里有山洞啊！它们也有办法躲雨的。

妍妍：有很多猴子快灭绝了，要没有了，在动物园里就能保护它们的安全了。

嘉嘉：自由是很重要的，比生命更重要。

......

解析：在个别化学习的过程中，无论是时间还是结构化程度都更宽松，因此，这有助于幼儿积极"发声"。在个别化活动中使用"点亮能量灯"的方式，激发了幼儿们思考、表达的积极性。幼儿能够运用自己已有的生活经验展开讨论和辩论，能够运用同理心换位思考，也能够运用思维反驳对方观点，审辨式思维得到很好的发展。

（上海市嘉定区实验幼儿园　顾漪涟）

后　　记

　　近些年,老师和孩子们时不时开启"宅家"的生活状态。虽然"宅"于家中,但我们的老师对孩子们的爱、对教学研究的热情丝毫没有减少。在此期间,我们继续对学前儿童的辩论活动进行实践和研讨:在网上组织幼儿进行"空中辩论";在云端与同行进行"辩论"教研。

　　传统教育观念认为:我们培养的孩子应该"听话"、应该"乖",这种教育极大地扼杀了孩子的思维独立性。而"辩论"活动是一种对话式的教育,它不仅能很好地培养孩子的表达和分析能力、倾听与理解能力,还能非常有效地促进思维品质和思维独立性等方面的发展。基于这样的共识,我们的团队长期致力于"辩论"活动的理论和实践研究,特编著了这本书。本书的第一章和第二章由上海市长宁区教育学院汤杰英撰写。第三章由山东省淄博实验幼儿园王翠霞和上海市长宁区教育学院汤杰英撰写。第四章由山东省淄博实验幼儿园王翠霞撰写。第五章至第七章的活动案例由上海市长宁区、嘉定区的 11 位幼儿园老师和山东省淄博实验幼儿园的 14 位老师提供:上海市长宁区愚园路第五幼儿园范青、上海市长宁区紫云路第一幼儿园冯逸超、上海市嘉定区实验幼儿园顾漪涟、上海市长宁区仙霞路第一幼儿园李嘉波、上海市长宁区天山幼儿园林天翔、上海市长宁区虹城幼儿园茅端、上海市长宁区新剑幼儿园牛晓宇、上海市长宁区新实验幼儿园邢乃雯、上海市"儿童世界"基金会长宁幼儿园杨嫣、上海市长宁区紫云路第一幼儿园雍静娴和上海市长宁区北新泾第二幼儿园郑乐颖;山东省淄博实验幼儿园的韩雪芹、黄莎莎、刘静、刘宁、田香玲、王婷、王艳君、位金枝、岳娟、翟杰、翟晶晶、张进、赵婷、周梦娜(排序不分先后)。

　　本书在出版过程中,得到了华东师范大学出版社的大力支持,在此一并感谢。

上海市长宁区教育学院　汤杰英

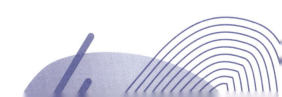